Aries

Silvia Heredia de Velázquez

Aries

A pesar de haber puesto el máximo cuidado en la redacción de esta obra, el autor o el editor no pueden en modo alguno responsabilizarse por las informaciones (fórmulas, recetas, técnicas, etc.) vertidas en el texto. Se aconseja, en el caso de problemas específicos —a menudo únicos— de cada lector en particular, que se consulte con una persona cualificada para obtener las informaciones más completas, más exactas y lo más actualizadas posible. EDITORIAL DE VECCHI, S. A. U.

El editor agradece a Rudy Stauder, director de Astra, su valiosa colaboración.

Traducción de Maria Àngels Pujol i Foyo.

Diseño gráfico de la cubierta: © YES.

Fotografías de la cubierta: © Andrew Parrish/Getty Images.

© Editorial De Vecchi, S. A. 2019
© [2019] Confidential Concepts International Ltd., Ireland
Subsidiary company of Confidential Concepts Inc, USA
ISBN: 978-1-64461-390-0

El Código Penal vigente dispone: «Será castigado con la pena de prisión de seis meses a dos años o de multa de seis a veinticuatro meses quien, con ánimo de lucro y en perjuicio de tercero, reproduzca, plagie, distribuya o comunique públicamente, en todo o en parte, una obra literaria, artística o científica, o su transformación, interpretación o ejecución artística fijada en cualquier tipo de soporte o comunicada a través de cualquier medio, sin la autorización de los titulares de los correspondientes derechos de propiedad intelectual o de sus cesionarios. La misma pena se impondrá a quien intencionadamente importe, exporte o almacene ejemplares de dichas obras o producciones o ejecuciones sin la referida autorización». (Artículo 270)

Índice

Introducción 11

PRIMERA PARTE: CUESTIONES GENERALES 13

Mitología y simbolismo 15

¿Está seguro de pertenecer al signo Aries? 19

Psicología y características del signo 23
   La personalidad 23
   El niño Aries 26
   La mujer Aries 27
   El hombre Aries 28
   La amistad 29
   Evolución 30
   La casa 32
   Las aficiones 33
   Regalos, colores y perfumes 34

Estudios y profesión 35
   Estudios ideales 35
   Salidas profesionales 36
   Dinero 38

El amor 39
   La mujer Aries 39
   El hombre Aries 41

Relaciones con los demás signos: las parejas . . .	43
Aries - Aries	43
Aries - Tauro	44
Aries - Géminis	44
Aries - Cáncer	45
Aries - Leo	45
Aries - Virgo	46
Aries - Libra	46
Aries - Escorpio	47
Aries - Sagitario	47
Aries - Capricornio	48
Aries - Acuario	49
Aries - Piscis	49
Cómo conquistar a un Aries	50
A una mujer Aries	50
A un hombre Aries	50
Cómo romper con un Aries	51
Con una mujer Aries	51
Con un hombre Aries	52
La salud	53
Ficha del signo	55
Personajes famosos que pertenecen a este signo . . .	57
Segunda parte: EL ASCENDENTE	59
Cómo calcular el ascendente	61
Cálculo del ascendente	62
Si usted es Aries con ascendente...	75
Aries con ascendente Aries	75
Aries con ascendente Tauro	75
Aries con ascendente Géminis	76
Aries con ascendente Cáncer	76

Aries con ascendente Leo 77
Aries con ascendente Virgo 77
Aries con ascendente Libra 78
Aries con ascendente Escorpio 78
Aries con ascendente Sagitario 79
Aries con ascendente Capricornio 79
Aries con ascendente Acuario 80
Aries con ascendente Piscis 80

Tercera parte: **PREVISIONES PARA 2019**. 81

Previsiones para Aries en 2019 83
  Vida amorosa 83
    Enero 83
    Febrero 83
    Marzo 84
    Abril 84
    Mayo 85
    Junio. 85
    Julio 85
    Agosto. 86
    Septiembre. 86
    Octubre 86
    Noviembre 87
    Diciembre 87
    Para la mujer Aries. 88
    Para el hombre Aries 88
  Salud 88
    Primer trimestre. 88
    Segundo trimestre 89
    Tercer trimestre 90
    Cuarto trimestre. 90
  Economía y vida laboral. 91
    Primer trimestre. 91

Segundo trimestre 91
Tercer trimestre 92
Cuarto trimestre 93
Vida familiar 94
Primer trimestre 94
Segundo trimestre 94
Tercer trimestre 95
Cuarto trimestre 95

Introducción

Entre los nacidos en este ardiente signo de Aries y yo ha existido desde siempre una especie de relación amor-odio, tanto porque mi nodo lunar norte se encuentra en Aries (y por tanto, mi evolución espiritual se realiza con las peculiaridades de este signo) como porque siempre he envidiado la capacidad de los Aries para lanzarse al ataque y tomar iniciativas sin reflexionar demasiado; a la vez, también me ha molestado su forma de actuar, a veces demasiado impetuosa y, en apariencia, poco atenta a la sensibilidad de los demás.

Con el Sol en Virgo y Marte en Libra, yo siempre he tenido dificultades para actuar sin haber valorado primero los pros y los contras de cada cosa y haber puesto la máxima atención en los distintos ángulos de una cuestión, en busca, sobre todo, de obtener el beneplácito de las personas que me rodeaban. En consecuencia, muchas veces he acabado perdiendo el tren. La verdad es que, en estos últimos años, la presencia de Urano en Aries me ha ayudado mucho y mi relación con este signo se está volviendo cada vez más amistosa y llena de significados.

Ahora ya no lo veo, al contrario de lo que me sucedía en el pasado, como una especie de don Quijote que parte para luchar contra los molinos de viento. He aprendido a amar su luminosidad y su falta de segundas intenciones, además de empezar a descubrir y comprender sus inseguridades, que, por otra parte, mantiene bien escondidas.

Tengo una amiga, a la que quiero mucho, que nació en Aries, pero me ha costado mucho comprender el porqué de algunas de sus risas cada dos por tres, las cuales son bastante habituales en todos los nativos y que les sirven para desdramatizar una tensión interior o un miedo. Y he aprendido a apreciar su generosidad, aunque esta esté un tanto ofuscada por la necesidad de protagonismo de un yo tan impetuoso que nunca se pregunta si lo que está haciendo, o diciendo, es oportuno o no y a quién puede herir u ofender.

Pero también tuve la suerte de encontrar un hombre Aries al que le debo mucho, porque me ayudó a recorrer el camino de la consciencia y estimuló mi creatividad latente, que no había encontrado expresión hasta que no tomé en consideración sus enseñanzas. Su nombre era Baba Bedi y creo que se trataba del mejor ejemplo de un Aries evolucionado. En él, que militó con Gandhi por una India libre y que a esta causa debía la enfermedad de su cuerpo, encontré el héroe solar que busca el vellocino de oro para su patria, vislumbré el fuego de la pasión pura, descubrí al que suscitaba entusiasmos, mientras que en el abandono de la vida pública por una elección mística, leí la sencillez del sacrificio. Vi, en definitiva, la expresión más alta de Aries, aquella a la que cada nativo de este signo tiene que dirigirse para dar el significado justo a su existencia.

No todos los nacidos en este signo, obviamente, pueden tener una tarea similar en la vida, pero lo que les deseo es que sepan dirigir sus propias energías y sus entusiasmos hacia causas dignas, sin perderse en futilidades, recordando siempre que son los primeros en la rueda del Zodiaco, lo que les reviste de una responsabilidad moral frente a todos aquellos que los siguen o tienen la suerte de caminar a su lado en el largo y complicado camino de la vida.

Silvia Heredia de Velázquez

Primera parte

CUESTIONES GENERALES

Mitología y simbolismo

Una de las claves para la comprensión de la astrología es el conocimiento del mito y su interpretación en clave moderna. En el mito existe siempre una verdad de orden moral y espiritual, ataviada con trajes alegóricos, que la astrología hace propia y de la que tienen que descodificarse los símbolos. A través del mito podemos dar la vuelta a nuestros miedos, virtudes y pecados. También podemos comprender las bases arquetípicas de lo humano que se reflejan en el significado de los signos zodiacales y de los planetas que componen un tema astral. El propio C. G. Jung veía en el mito la expresión del inconsciente colectivo, es decir, de toda la experiencia humana acumulada a lo largo de milenios de evolución.

Por lo tanto, la astrología nos cuenta, a través de la metáfora mitológica y la sucesión de los signos, la historia de la humanidad y nos da indicaciones sobre el camino que todavía debemos recorrer. ¿Qué es, de hecho, la mitología, con sus personajes, sus ritos y su historia metafísica, sino todo el mundo en nuestro interior, lo que hemos sido, somos y seremos?

Hay numerosos mitos que se refieren el signo de Aries, pero el más conocido es quizás el relato griego del vellocino de oro. La leyenda narra que Poseidón, para poder unirse a la bella Teófane, la convirtió en oveja y él mismo se transformó en carnero. De esta unión nació un carnero con el vellocino de oro; este salvó más tarde, haciendo subir a su grupa, a Frixo y Hele, los dos hijos del rey Atamante que su madrastra quería matar. El carnero voló, con los dos jóvenes en su grupa, sobre los mares de Grecia, pero Hele, cansada, resbaló y cayó al mar que más tarde tomaría su nombre: el Helesponto. Frixo, en cambio, aguantó el cansancio, el hambre y la sed, y consiguió llegar a la Cólquide, donde se casó con la hija del rey Eetes. El carnero fue sacrificado en honor de Zeus, que hizo de él una imagen luminosa en el cielo y le dio el nombre de Ares (Marte, después, para los romanos), identificación primero del espíritu guerrero y luego del dios de la guerra. El vellocino de oro quedó colgado de una encina bajo la custodia de un feroz dragón.

Mientras tanto, Jasón, criado por el centauro Quirón en los bosques del monte Pelio, quiso ocupar el trono que había sido de su padre en Yolco. El reino, de hecho, había pasado a manos de Pelias, que consintió en restituir a Jasón en el trono si le traía de la Cólquide el vellocino de oro. Jasón se embarcó con cincuenta compañeros, los Argonautas (llamados así por el nombre de la nave, *Argos*) y, después tras difíciles aventuras, llegó a la Cólquide. Para cederle el vellocino de oro, el rey Eetes le impuso superar numerosas pruebas. Jasón consiguió superarlas gracias a la ayuda de Medea, la hija del rey, que se había enamorado de él y le hizo prometer el matrimonio. Medea, con sus artes mágicas, lo salvó de todos los peligros y consiguió adormecer al dragón, de forma que Jasón pudo conquistar el vellocino de oro que debía llevar a Pelias.

Pero la tragedia acechaba. Más tarde, Medea fue traicionada por Jasón, que la abandonó y quiso tomar como mujer a Glauco, hija del rey Pelias. En venganza, Medea mató a esta junto a su padre y sus dos hijas; pero, como su sed de revancha no estaba todavía satisfecha, acabó también con los dos hijos que había tenido con Jasón. El propio héroe murió de forma ignominiosa, al caerle encima un trozo de su propia nave; otros dicen que murió loco a causa del dolor. El vellocino de oro descansó finalmente en paz en el templo de Zeus en Orcómeno.

Así es como se desprende del mito el aspecto heroico: Frixo afrontó con inconsciencia juvenil un difícil viaje; Jasón luchó con una audacia impulsiva y temeraria sin valorar los peligros y las consecuencias, pasó de un amor al otro bajo el impulso de la conquista y, tras abusar de sus propias fuerzas, provocó su temprano final. La pérdida de Hele durante el viaje puede relacionarse, en cambio, con el temperamento ariano, a veces desprovisto de dulzura.

Otro héroe, según la tradición védica, está relacionado con el signo de Aries. Se trata de Karna, hijo del dios Sol y de Kunti, que para separar de su cuerpo y darle a Indra, dios de los dioses, la coraza que lo hacía inmortal, se cortó las extremidades con un cuchillo. Su hermano lo mató después en el campo de batalla. El esparcimiento de sangre tiene un carácter divino de inmortalidad, mientras el sacrificio representa la sumisión al Creador.

Parece además que se puede encontrar incluso una relación entre el signo de Aries y Amón, divinidad del antiguo Egipto unida a la fecundidad, representada con una cabeza de carnero; o también con los rituales en honor del dios de los carneros, que tenía la tarea de instruir y proteger a los pastores. De aquí se puede deducir fácilmente por qué Aries está tan unido con la tradición hebrea. Cristo, como buen pastor, es también el carnero que se sacrifica simbólicamente para la salvación de los pecadores.

Otras referencias a Aries aparecen en la tradición hinduista, africana y china, siempre con significados de fuerza creadora, fuego de sacrificio, fertilidad y erotismo.

Si observamos el glifo de Aries (~), nos quedamos inmediatamente sorprendidos por su similitud con los cuernos redondeados que constituyen la fuerza de este animal, junto a su potencia procreadora, la cual recuperan numerosas simbologías de carácter sexual. Hay que destacar incluso que el carnero encabezaba los arietes que, en la antigüedad, se utilizaban en la guerra para derribar las puertas de las ciudades enemigas.

Además, el glifo puede recordarnos también el útero femenino con salpinge, mientras que, al revés, representa el miembro masculino en erección; ambos son símbolos del instinto procreador y de la energía creadora del signo.

La energía es también fuego, primordial, puro; con estas interpretaciones nos podemos basar de nuevo en la tradición védica que relaciona a Aries con los corderos y con el dios del fuego del sacrificio. El fuego simboliza las pasiones, el amor, la cólera. Y Aries, signo cardinal, es el primero de los signos de fuego.

Otro reclamo simbólico es la primavera. ¿No se trata de la estación del año que, después del letargo invernal, renueva y vivifica la naturaleza y, con un arranque de energía, hace surgir de la tierra los primeros brotes? El jeroglífico de Aries recuerda también las hojitas que empiezan a salir y que en el embrión se encuentran siempre de dos en dos. La primavera también es el periodo de la Pascua, por lo que se vuelve al sacrificio de Cristo, concebido y muerto en un día de primavera para salvar a la humanidad pecadora e iniciar una nueva era. Por lo tanto, también esta vez, nos relacionamos con el principio arquetípico de la creación.

El Zodiaco, de hecho, representa el ciclo de la manifestación y Aries es el impulso propulsor. De aquí parte la experiencia humana que, para llegar a la perfección, tendrá que atravesar todas las virtudes y las dinámicas de los otros once signos.

¿Está seguro de pertenecer al signo Aries?

Si ha nacido el 20 o el 21 de marzo puede verificarlo en la siguiente tabla, que muestra el momento de la entrada del Sol en el signo desde 1904 hasta 2010. Los datos se refieren a las horas 0 de Greenwich. Para los nacidos en España, es necesario añadir una o dos horas al horario indicado (véase tabla de la pág. 65).

día	hora	min
21.3.1904	0	59
21.3.1905	6	58
21.3.1906	12	53
21.3.1907	18	33
21.3.1908	0	27
21.3.1909	6	13
21.3.1910	12	3
21.3.1911	17	54
20.3.1912	23	29
21.3.1913	5	18
21.3.1914	11	11
21.3.1915	16	51
20.3.1916	22	47
21.3.1917	4	37
21.3.1918	10	26

día	hora	min
21.3.1919	16	19
20.3.1920	21	59
21.3.1921	3	51
21.3.1922	9	49
21.3.1923	15	29
20.3.1924	21	20
21.3.1925	3	12
21.3.1926	9	1
21.3.1927	14	59
20.3.1928	20	44
21.3.1929	2	35
21.3.1930	8	30
21.3.1931	14	6
20.3.1932	19	54
21.3.1933	1	43
21.3.1934	7	28
21.3.1935	13	18
20.3.1936	18	58
21.3.1937	0	45
21.3.1938	6	43
21.3.1939	12	28
20.3.1940	18	24
21.3.1941	0	20
21.3.1942	6	11
21.3.1943	12	3
20.3.1944	17	49
20.3.1945	23	37
21.3.1946	5	33
21.3.1947	11	13
20.3.1948	16	57
20.3.1949	22	48
21.3.1950	4	35

día	hora	min
21.3.1951	10	26
20.3.1952	16	14
20.3.1953	22	0
21.3.1954	3	53
21.3.1955	9	35
20.3.1956	15	20
20.3.1957	21	16
21.3.1958	3	6
21.3.1959	8	55
20.3.1960	14	43
20.3.1961	20	32
21.3.1962	2	30
21.3.1963	8	20
20.3.1964	14	10
20.3.1965	20	5
21.3.1966	1	53
21.3.1967	7	37
20.3.1968	13	22
20.3.1969	19	8
21.3.1970	0	57
21.3.1971	6	38
20.3.1972	12	22
20.3.1973	18	13
21.3.1974	0	7
21.3.1975	5	57
20.3.1976	11	50
20.3.1977	17	42
20.3.1978	23	34
21.3.1979	5	22
20.3.1980	11	10
20.3.1981	17	3
20.3.1982	22	56

día	hora	min
21.3.1983	4	39
20.3.1984	10	25
20.3.1985	16	14
20.3.1986	22	3
21.3.1987	3	52
20.3.1988	9	39
20.3.1989	15	29
20.3.1990	21	19
21.3.1991	3	2
20.3.1992	8	48
20.3.1993	14	41
20.3.1994	20	28
21.3.1995	2	15
20.3.1996	8	3
20.3.1997	13	55
20.3.1998	19	55
21.3.1999	1	46
20.3.2000	7	36
20.3.2001	13	32
20.3.2002	19	16
21.3.2003	1	01
20.3.2004	6	50
20.3.2005	12	54
21.3.2006	18	27
21.3.2007	2	9
20.3.2008	6	49
20.3.2009	11	45
20.3.2010	17	33

Psicología y características del signo

La personalidad

Aries y su planeta regente, Marte, representan la primavera de la vida, la juventud, la energía, el coraje, la primera creación, la voluntad (pero no la constancia), la virilidad, el impulso para empezar y, por analogía, el fuego, el hierro, el rojo, los objetos cortantes, la pólvora, el dinamismo, la violencia, la pasión, pero también la capacidad de sacrificarse sin pensar dos veces en ello. Es la irrupción de las energías puras, la llama vital, la inmediatez en la tensión y en la descarga de la misma.

Las personas predominantemente Aries son seres que no tienen miedo de nada, con una fuerte consciencia de ellos mismos, pero a menudo son también temerarios, que se lanzan a actuar sin reflexionar. Son dirigentes natos, entusiastas de todo, capaces de suscitar la exaltación en los demás, de promover cruzadas y encontrar incluso quien las suscriba. Las suyas, más que batallas, pueden considerarse insurrecciones o guerras de un día, porque su impaciencia no les permite esperas demasiado largas.

Son orgullosos e intolerantes con las banalidades, independientes y llenos de atractivo y, cuando consiguen controlar su inconstancia, son capaces de alcanzar la genialidad.

Un marcado sentido del yo se encuentra en la base del temperamento ariano. En consecuencia, no quieren ser segundos de nadie y se comportan siempre y en todas las situaciones como les pide su naturaleza, sin tener en cuenta para nada la sensibilidad de los demás. Pero en este comportamiento no existe un fondo de maldad o de malicia, porque son incapaces de ello. De hecho, no conocen la hipocresía y no tienen pelos en la lengua: dicen todo lo que piensan. Pero muchas veces dicen y hacen las cosas sin pensar. En efecto, las experiencias del pasado difícilmente les sirven para modificar el presente, puesto que tienden a olvidar todo lo que han hecho primero. Por este motivo, sufren una considerable inseguridad pero, al estar dominados por un yo muy desarrollado, la esconden a todos y en primer lugar a sí mismos. Exuberantes e individualistas, no se detienen ante ningún obstáculo ni restricción puesto que, la mayoría de las veces, les falta la capacidad para valorar el peligro. Pero además, aunque lo percibieran, la gran confianza que tienen en sus propios recursos los estimularía todavía más a luchar y alcanzar las metas que se han marcado. A menudo dan la impresión de ser personas con un complejo de superioridad. En cambio, no les interesa prácticamente nada de lo que hacen los demás y son incapaces de caer en los cotilleos.

Generalmente, siempre tienen la necesidad de iniciar algo nuevo, una actividad, una relación sentimental, nuevos estudios. De hecho, cuando han de llevar la iniciativa dan lo mejor de sí mismos. Pero en general son demasiado ingenuos y se lanzan a empresas sin dosificar sus fuerzas, se entregan total y generosamente a la causa del momento, aunque se arriesgan a caer antes de llegar a la meta.

No tienen inhibiciones, son sinceros —a veces incluso hasta llegar a la grosería— y se mueven en la vida con la absoluta seguridad de que todas sus acciones son justas e infundadas. Nada los detiene ni los asusta y demasiado a menudo se vuelven temerarios. «Todo y enseguida» es el único lema con el que conciben la vida. Son normalmente almas puras y por su bondad de fondo consiguen establecer con mucha facilidad relaciones con el prójimo, aunque luego no son capaces de cultivarlas.

Generosos como pocos, esta cualidad se encuentra a menudo camuflada con actitudes que pueden parecer prevaricadoras y luchan como guerreros cuando creen que es necesario, aunque nadie se lo pida.

Se encienden con mucha facilidad, pero sus arrebatos duran muy poco y enseguida se olvidan de ello. No sienten rencor, ni siquiera hacia las personas que les ofenden.

La paciencia no es realmente su fuerte, tanto si se tiene que adoptar con alguna persona como si se debe utilizar para llevar hacia delante una iniciativa. Al entusiasmo inicial le sigue, casi siempre, la intolerancia si las cosas se alargan, y su egocentrismo hace que nunca reconozca las derrotas como fruto de los propios errores. Aman todo lo que es nuevo, incluida la moda, pero tienden a personalizar al máximo, con un toque particular que les hace escoger por instinto lo que quizás estará de moda al año siguiente. De todos modos, tienen que vestirse siempre con algo original, que los demás no muestren y, sobre todo, destacar siempre en cualquier ambiente.

Las mejores cualidades de los nacidos bajo el signo de Aries son, por lo tanto y sin duda: el coraje, que les proporciona la capacidad de afrontar cualquier situación con optimismo; el entusiasmo, que sabe atraer a los demás; el espíritu de independencia, que les ayuda a afrontar la vida incluso sin ningún tipo de ayuda; la curiosidad, que hace arder el fuego del conocimiento, siempre latente y a punto de estallar; la capacidad de sacrificarse por una causa; la espontaneidad, y la alegría de base.

Estas cualidades pueden, si no se mantienen bajo control, convertirse en defectos con todas sus previsibles consecuencias.

El niño Aries

Es mejor, tanto para el bien de los hijos como de los padres, que un niño Aries no nazca en una familia de estilo tradicional y de mentalidad algo limitada o que no sea respetuosa al máximo con todas las reglas codificadas del saber vivir. Sería un inútil sufrimiento para todos. El niño Aries es un pequeño déspota (a menos que sufra la influencia de algún planeta en signos más «suaves») y, desde pequeño, manifiesta un impresionante espíritu de independencia y de curiosidad. No se le puede dejar solo ni un minuto porque es capaz de subirse a los sitios más extraños en busca de su vellocino de oro o, simplemente, para inspeccionar lugares desconocidos. Charlatán a más no poder, es de temer cuando está callado porque seguramente está pensando una de las suyas. Es muy difícil enseñarle buenas maneras, salvo que las domine instintivamente, como es igualmente complicado hacer que permanezca quieto en determinadas situaciones. Por otra parte, aunque la educación es necesaria, conviene dejarlo hacer, aunque hay que estimular sus capacidades (poco marcadas) para que tenga en cuenta las exigencias de los demás. Es valiente y no se tira hacia atrás ni siquiera frente a compañeros mayores; por ello, muy a menudo, llega de la escuela con la ropa fuera de sitio y la mochila desgarrada, si no ha olvidado esta en alguna parte. En cuanto crece lo suficiente, empieza a molestar al otro sexo para demostrar a los demás que se ha hecho mayor.

Las niñas no se diferencian excesivamente de los niños. Igual que a ellos les gustan todos los juegos dinámicos y las actitudes independientes, y se encontrarán siempre entre aquellas que catalizan la atención de las compañeras. Tenderán a convertirse en guías y sobre todo en estimuladoras de empresas que no siempre resultan ortodoxas.

La mujer Aries

¿Quién se resiste a la atracción de la mujer Aries? Pocos o nadie. Es exuberante, está llena de ideas, es brillante en sociedad y capaz de imponerse en todos los ambientes. Siempre que una mujer de este tipo entra en un salón, se convierte enseguida en el centro de atención. Su naturaleza es alegre, desinhibida, segura de agradar y lleva su feminidad, que a menudo recuerda a los animales de la jungla, con mucha indiferencia. Le gustan los vestidos de colores vivos y la moda innovadora, pero prefiere los pantalones. Sabe hacerse querer y odiar mucho, sobre todo si su seguridad va acompañada, como sucede a menudo, por la falta de cualquier clase de complejo de inferioridad.

A menudo le falta el sentido de la medida y sus meteduras de pata están a la orden del día. A pesar de estos defectos, la mujer Aries continúa cosechando éxitos puesto que sabe divertirse y aligerar cualquier situación con su brío, su genialidad y la capacidad de arrastrar al auditorio. Su sinceridad es absoluta, al límite de lo permitido, y por este motivo a veces puede provocar grandes daños. Si vive en una familia conformista, puede dar no pocas preocupaciones, puesto que su comportamiento escandalizará a los llamados conservadores. Cuando ya tiene edad para casarse, los padres temerán que nadie la quiera. En cambio, a pesar de sus excentricidades, sabe suscitar y dar mucho amor. Pero no sólo esto, sino que también desea la maternidad, pues siente instintivamente que su fuerza creadora puede explotarse trayendo al mundo un hijo. Como madre, al estar convencida de tener los hijos más guapos e inteligentes del mundo, no es ni posesiva ni obsesiva, aunque siempre está a punto para prestar a sus vástagos la máxima ayuda. Y si alguna vez las cosas no van como deberían, la culpa es siempre de los demás.

El hombre Aries

Es siempre de esperar que un Aries sea muy bueno porque, de lo contrario, es un peligro. Nada le da miedo ni lo detiene y a menudo le falta el sentido del límite, lo que muchas veces le causa grandes problemas en su vida diaria. Es capaz de establecer con mucha facilidad relaciones con los demás, pero su ingenuidad lo pone también en contacto con aquellos que pueden aprovecharse de él. De hecho, tiende a tomar una cosa por otra, con todas las consecuencias posibles. Es generoso por naturaleza, pero puede llegar a la grandiosidad si esto le ayuda a tener una mayor consideración por parte de los demás. Cuando impera el idealismo, sabe dedicarse a una idea aunque pueda perjudicarle, pero a menudo no consigue valorar de forma real las dificultades de una empresa. Tiene reacciones inmediatas y a veces incluso violentas, pero siempre sinceras. Su resistencia es proverbial y lo lleva continuamente a dedicarse con apasionada energía a cualquier aventura que proceda de su imaginación. Su emotividad está a flor de piel y puede llegar a hacerle destruir en un segundo todo aquello por lo que ha luchado. En familia quiere imponerse a toda costa y, cuando no se le escucha, saca a relucir una fuerte agresividad. Sus hijos se convierten en la continuación de su poder personal y sufre de forma atroz si lo decepcionan o son demasiado sensibles, o son poco trabajadores y no muy inteligentes. Su necesidad de conquista halla terreno fértil allí donde se detenga su mirada; cuanta más resistencia encuentre, más se obsesionará. Utiliza toda su energía para lograr aquello que quiere conquistar; en realidad, se trata de una virtud, puesto que es la única forma de conseguirlo. No conoce los matices y tiende a comportarse a veces con una cierta rudeza; puede convertirse en una persona que arrastra multitudes inculcándoles su propia pasión.

La amistad

Exuberantes y prepotentes, los nacidos en el signo de Aries consiguen ser verdaderos ciclones en el campo de la amistad. Se entusiasman rápidamente con quienes acaban de conocer, pero si encuentran alguna resistencia realizan una rápida retirada después de un primer asalto fallido. Quieren tener siempre razón y decidir qué es lo que necesitan sus amigos, aunque luego la realidad sea distinta. No entienden de matices y cometen errores —a veces incluso graves— si Venus, en algún signo más «suave», no los protege. Generalmente, no conocen las medias tintas: tanto pueden ser agradables y estimulantes, como convertirse en un momento en antipáticos y burlones. Esto sucede cuando no se sienten comprendidos o no se les considera como ellos pretenden. Al no ser ni prudentes ni desconfiados, se encuentran a menudo ante amargas desilusiones. Por ingenuidad, pero también porque están convencidos de que los demás son iguales que ellos, descubren fácilmente sus cartas, de las que siempre hay alguien que se aprovecha. De todos modos, están dotados de un verdadero carisma que los caracteriza inmediatamente en cualquier ambiente y que puede hacer que los amen o los odien. Incluso con el amigo más apreciado, por el que pueden sentir una gran estima, no saben eximirse de ese cierto espíritu de rivalidad que forma parte integral de su propia naturaleza. Pero son amigos sinceros y generosos, dispuestos al sacrificio cuando es necesario, y saben demostrarlo aunque sea con un rudo gesto de afecto. Alegres y dinámicos, van siempre en busca de alguna expedición que pueda comprometer a comitivas enteras, de las que enseguida toman el mando. Algunas veces, pueden ser extenuantes, algo que con el tiempo puede llegar a crear un vacío a su alrededor. ¡Pero siempre tienen la posibilidad de volver a empezar...!

Evolución

Según algunos investigadores, el ser humano, antes de su nacimiento, decide su propio plan de vida para continuar, en una nueva encarnación, las experiencias relacionadas con sus vidas pasadas. Para otros, es en cambio Dios quien decide todas las pruebas que el ser tendrá que superar. Sea como sea, en la nueva vida tendrá que saldar las deudas dejadas en suspenso, es decir, los frutos de aquellas acciones que en la vida anterior no fueron del todo positivas. Para hacer esto, tendrá que someterse a determinadas pruebas y, cuando las haya superado, habrá dado un salto cualitativo y subido un escalón más en la escala de la evolución espiritual que lo llevará a unirse con lo divino. La astrología, a través de los planetas y sus aspectos, los nodos lunares, los signos y las casas, puede proporcionar una clave de interpretación de lo que se nos pide en la vida presente. Para aquellos que no creen en la reencarnación, podrá ser una indicación básica para vivir el propio signo de la forma más evolutiva posible. (En este libro tomaremos en consideración sólo el signo de nacimiento; en este caso, Aries.)

Aries, el primer signo de Fuego cardinal, representa, como ya hemos visto, la fuerza primordial y la energía creadora. Se trata de unas características espléndidas pero que pueden convertirse irremediablemente en un bumerán, si no se utilizan a un nivel superior de conocimiento. El primer esfuerzo que debe realizar el nacido en el signo de Aries es, por lo tanto, intentar ampliar, de todas las formas posibles, la propia consciencia. Esta es la conditio sine qua non para afrontar el camino de la consciencia y de la evolución. Las formas para poner en marcha esto pueden ser numerosas. Ante todo, debe ser consciente de que el suyo es el signo de la experiencia, el signo más joven del Zodiaco y, por lo tanto, destinado más que los demás a cometer errores. ¿Cuántas veces vemos a los adolescentes excederse en el comportamiento sin ningún autocontrol? Pues bien, el nacido en Aries, al igual que un adolescente frente a la vida, tiene que esforzarse para mantener una actitud más humilde y consciente. De esta forma, le será más fácil orientar la maravillosa fuerza de la que es portador hacia los objetivos más justos y nobles. Los nacidos en este signo de fuego conocen bastante bien el impulso interior hacia todas las novedades, la necesidad de iniciar siempre algo, pero les cuesta admitir la otra componente de su individualidad, es decir, la dificultad de concluir. Por este motivo, tienen que aprender a dirigir el fuego creador hacia Libra, es decir, hacia el signo del encuentro con el otro, para culminar de esta forma la unión de dos fuerzas opuestas pero complementarias. Esto implica un menor culto del yo y un esfuerzo de comprensión de los demás, de los cuales puede llegar la ayuda que se necesita.

Aries, al ser el primero de la rueda zodiacal, representa la primera fase de la experiencia, a la que seguirán otras once antes de volver a empezar en un nivel evolutivo distinto. Pero, precisamente porque es la primera fase inexperta, bajo la máscara de la fuerza juvenil y de una enfática necesidad de autoafirmación, Aries esconde el miedo y las contradicciones interiores no resueltas, las cuales rechaza de forma inconsciente. Este miedo y estas contradicciones, si se acogieran y se aceptaran sus aspectos positivos, se transformarían de forma instantánea en consciencia de los propios límites y, por lo tanto, en una mejor relación consigo mismo y con los demás. Así pues, al vivir la difícil tarea del inicio y proyectar hacia los demás, en su favor, la propia energía creadora bajo su control, Aries podrá vivir esta primera fase cardinal en un nivel de plena consciencia; de esta forma, colocará las bases adecuadas para las experiencias venideras y acortará el camino hacia la perfección divina.

La casa

Para el Aries puro, la casa es ese lugar al que acude cuando ha terminado sus numerosas actividades. Para entendernos, es el lugar del reposo del guerrero o de la guerrera. Recurre a él cuando se encuentra realmente al límite de su resistencia física y psíquica. En consecuencia, la vivienda no necesita ni adornos ni refinamientos particulares, pero sí espacio, con muebles lisos y sillones fuertes donde poderse estirar sin que se rompan. El mobiliario tiene que ser moderno, con los mínimos ángulos posibles porque normalmente tampoco se mueve en casa, sino que cabalga por ella sin tomar las medidas de precaución adecuadas. Puede prescindir de una antesala pero no de un perchero sobre el que lanzará, a modo de jabalina, el abrigo y el sombrero, si lleva, en cuanto llegue a casa. Tampoco la cocina es extremadamente necesaria, pero un microondas y una tostadora, sí. Y sobre todo, tanto para la mujer como para el hombre, una nevera con doble congelador para la conservación de muchos alimentos precocinados que no le hagan perder tiempo. El dormitorio tiene que ser lo más espartano posible, con una cama, o incluso un colchón en el suelo, y un gran armario que pueda encontrarse en el máximo desorden imaginable. En el comedor, un cómodo sofá, o mejor dos, pues su impaciencia lo llevará a desplazarse continuamente, y muchos cojines en el suelo para los invitados. Las poltronas no le servirán y para los amigos, que pueden ser muchos o ninguno, se necesitarían demasiadas. Posiblemente en el comedor debería situar una chimenea auténtica, pues le gusta ver el fuego incluso en verano. Y luego una habitación grande para sus aficiones que casi siempre se reducen a instrumentos de gimnasia.

Pero la nota más importante en la casa de un Aries son las luces, muchas y a ser posible halógenas para llevar hasta casa la luz del sol, y los colores, que han de ser numerosos y llamativos.

Las aficiones

El Aries, como ya hemos visto, es dinámico y, por lo tanto, resulta impensable encontrarlo quieto en casa haciendo colecciones de figuras. En consecuencia, todo lo que le gusta se caracteriza por el movimiento.

Si dispone del espacio suficiente, se crea en casa un gimnasio con todos los instrumentos posibles; de otro modo, se apuntará a un gimnasio público, que intentará frecuentar lo máximo posible para descargar la tensión que ha acumulado durante el día. Le gustan sobre todo las artes marciales pero, al no tener mucha paciencia ni sentido de la disciplina, difícilmente conseguirá sobresalir en ellas. También ama ir a caballo, pero no soporta las maniobras, sino que prefiere los espacios abiertos en el campo, donde es posible realizar una bonita cabalgada saboreando la embriaguez de la libertad.

El Aries menos dinámico, si tiene la posibilidad, se construye un verdadero taller, quizá con una pequeña fragua, donde su espíritu de iniciativa le permitirá modificar motores o inventar algún aparato.

Le gusta la caza tanto con la escopeta como con el arco y las flechas, pero para sentir realmente una satisfacción plena necesita llenar cada vez el zurrón, algo que no siempre consigue.

De todos modos, y salvo que existan fuertes valores contrarios, el Aries dedica todo su tiempo libre al deporte, que puede ir desde el boxeo hasta el tenis, siempre que pueda satisfacer su necesidad de movimiento o descargar su agresividad.

Regalos, colores y perfumes

Aunque no son sus preferidos, los regalos más útiles serían seguramente aquellos que se pudieran utilizar en un mecánico de confianza, donde nuestro (o nuestra) Aries podría llevar cada día, o casi, su coche a reparar. En efecto, aunque Aries posee reflejos muy rápidos, su automóvil estará sembrado de abolladuras. Entre los regalos que más le gustan están los libros de aventuras, para las pocas veces en que se detiene a leer, el abono a un gimnasio o una salida a caballo. Otros obsequios que pueden agradarle son una escopeta de caza o un arco con sus correspondientes flechas. En el apartado de la ropa, es necesario evitar todo lo que pueda recordarle a un ejecutivo, como las camisas con el cuello rígido, las corbatas listadas y las chaquetas cruzadas, y dar preferencia a algo muy original y que sea adecuado para el tiempo libre.

Los colores menos adecuados son los tonos pastel, los grises y el beis, es decir, aquellos sin una personalidad marcada. Todos los demás le van bien, incluso el blanco, a excepción del negro, salvo quienes tengan valores en Capricornio. Aries, al contrario que Cáncer, se siente bien cuando sabe que no pasa desapercibido. Casi siempre, su color preferido es el rojo, en cualquiera de sus matices, pero también le agradan el anaranjado fuerte, el verde brillante y el azul eléctrico.

Los perfumes tienen que ser fundamentalmente a base de almizcle, geranio, lavanda y resina, salvo para algunas mujeres más apasionadas, que sólo desean aromas sensuales y envolventes. Se deben evitar los perfumes delicados, de rosa o de jazmín, que desentonarían en las mujeres e irritarían a los hombres.

Estudios y profesión

Estudios ideales

Si descartamos la contabilidad o las matemáticas puras, el resto de estudios pueden irle bien. La única condición es que debe prepararse para una profesión en la que después pueda desarrollar todas sus características más positivas. Por lo tanto, pueden ser adecuados tanto los estudios literarios como los técnico-científicos. Será más fácil encontrarlo en los campos de juego, en los gimnasios u organizando una manifestación que con los libros abiertos. Pero su rapidez y su capacidad de hacer que las cosas vayan por el camino deseado es tan alta que alcanzará su diploma. También pueden ser adecuados los nuevos estudios de carácter más experimental que, precisamente por su originalidad, podrían llamar la atención de Aries. Los estudios de tipo artístico podrían alimentar una vena escondida que le llevara a desarrollarse en el campo arquitectónico, pero no servirían para dotar de metodología a un personaje de por sí poco organizado; no obstante, podrían ser útiles en el caso de que no frecuentara la universidad y se quisiera dedicar a una actividad de tipo artesanal. Entre las facultades universitarias, debe escoger entre las siguientes: ingeniería, derecho, medicina y cirugía, química industrial y ciencias políticas. Hay que tener en cuenta que, sea cual sea el tipo de estudio que escoja, tiene que completarse con alguna actividad física.

Salidas profesionales

Como ya hemos dicho, Aries se adapta a todas esas profesiones que dejan libertad de iniciativa y posibilidad de movimiento. Su actitud inconsciente es la de un déspota, pero, afortunadamente, la democracia avanza y los dictadores se encuentran en vías de extinción. En consecuencia, nuestro Aries, aunque sea mujer, tiene que retirarse hacia posiciones de simple mando. De todos modos, lo primero que debe hacer es dirigirse hacia una profesión que en poco tiempo le permita librarse de cualquier interferencia. Su personalidad resalta sobre todo en los lugares donde es necesario dar pruebas de audacia y rapidez de espíritu. Aunque no es muy constante, da lo mejor de sí mismo en el trabajo, en especial si no se trata de empleos rutinarios. Suele ganarse la antipatía de sus compañeros, pues su audacia hace que enseguida sea valorado por sus superiores. Pero a la larga, esta situación puede darse la vuelta, puesto que Aries tiende a exagerar sus iniciativas propias, hasta llegar a obviar incluso a aquellos que están por encima de él. En cambio, resulta ideal como responsable de una industria o ejerciendo una profesión liberal, es decir, un empleo que no lo sitúe en una posición de sumisión. Tiene dotes de mando, sabe hacer trabajar a los demás y, aunque no destaca por su simpatía, consigue que le respeten y generalmente acaba formándose un séquito personal. Incluso las mujeres suelen escoger profesiones consideradas tradicionalmente masculinas y también huyen de las situaciones de segundo plano.

Si se tienen en cuenta las diferencias entre el Aries puro y aquel con fuertes valores en otros signos o casas particulares, se pueden sugerir algunas profesiones como las más adecuadas, debido a las características propias del signo. Resultan adecuados todos aquellos trabajos que, por analogía, tienen alguna afinidad con el simbolismo de Aries. Así pues, puede ser un buen carnicero, o un buen cirujano si ha cursado estudios superiores. O también un dentista que utiliza la maquinaria más nueva y sofisticada. O un político de ataque, de los que lanzan propuestas de ley como si fueran churros y trabajan mucho para lograr que se aprueben. Un guía de comitivas enteras a las que hacen marchar como si fueran soldados y que lo organizan todo con una precisión germánica. O también un ingeniero proyectista, inventor o una persona con responsabilidad empresarial. O un mecánico con taller propio que ya a los veinte años dispone de una clientela fija porque entiende de motores como un veterano. Y también encontramos entre los Aries óptimos herreros y espléndidos instructores de artes marciales. Tenemos también excelentes exploradores y pioneros, estos últimos en el sentido más amplio de la palabra. Y también, cómo no, pintores que utilizan el pincel como si fuera una espada, al igual que Goya o Van Gogh. En las actividades forenses, los Aries utilizan toda su audacia y conducen las causas como si se tratara de cruzadas. Saben ser también buenos profesores, adorados por los alumnos, que aprecian su dinamismo. Si además tienen a Marte bien situado, los encontraremos casi de generales ya desde jóvenes, incluso algo deprimidos si no han podido luchar. Con la práctica, recuperarán ese mínimo optimismo que necesitan para ir hacia delante sin abandonar. Un óptimo Marte será una suerte para quien haya escogido como profesión un deporte.

En resumen, los Aries se adaptan a una infinidad de profesiones, siempre que les dejen una cierta libertad de acción y la posibilidad de utilizar su creatividad, audacia y coraje, de los cuales está bien dotado. Si se le quiere hacer daño, basta con obligarle a trabajar como cajero de un banco, empleado de Correos u operario de una cadena de montaje.

Dinero

Aries se olvida a menudo de que existe el dinero, pues está ocupado con reflexionar sobre su existencia, algo más importante que el vil metal. Por lo tanto, no es nada tacaño, no controla las cuentas, gasta incluso cuando no tiene dinero. Incluso es más fácil que gaste cuando apenas tiene liquidez que cuando tiene una considerable cuenta en el banco. En este caso, al identificar la riqueza consigo mismo, se comportará con altibajos, sin medias tintas. Por lo tanto, será capaz de privarse de un bocadillo si no es totalmente necesario, aunque podrá tirar el dinero en algo inútil si eso le ha estimulado la imaginación. De todos modos, el dinero es poder; por lo tanto, el Aries se vuelve grandioso y generoso cuando esto le puede asegurar una mayor consideración pública. Así pues, difícilmente controla sus gastos, que más bien llegan siempre bajo la influencia de la emoción del momento, tanto si esto lo causa el otro sexo, como una cosa nueva y original o el hecho de poseer algo antes que los demás. Sabe ser también infinitamente generoso si se da cuenta de que esto puede causar alivio a un amigo, pero rechaza el más pequeño préstamo si no reconoce una necesidad extrema. En las inversiones es bastante imprevisible; por lo tanto, puede comprar acciones u otros bienes inmuebles por un capricho y no porque sean rentables. Debido a esto, lo normal es que tenga a su lado a una mujer o un hombre con una visión más realista que la suya y con una mejor capacidad para gestionar el patrimonio. En general, no tiene el sentido del ahorro y de la economía y tiende a gastar sin preocuparse demasiado por el futuro. En cambio, a una cierta edad, sobre todo en los hombres, se desarrollará una avaricia tan imprevisible como evidente, que eliminará un poco el brío de nuestro Aries.

El amor

La mujer Aries

En el amor, la mujer Aries puede ser espléndida, aunque puede llegar a hacerse cómoda. Desde muy joven es capaz de seducir con una mirada cargada de alusiones y en esto se asemeja bastante al hombre, respecto al cual no quiere sentirse en absoluto inferior; precisamente por ello, difícilmente le dejará a él tomar la iniciativa y, si encuentra alguien que le interese, lo mostrará enseguida de la forma más clara posible.

Al ser sincera e impulsiva no pierde tiempo en preliminares, sino que va directa al objetivo y casi siempre obtiene el éxito. Su prepotente vitalidad llama la atención masculina en cualquier lugar, lo que la convierte en desagradable para las otras mujeres, las cuales la consideran una enemiga potencial.

Colecciona pretendientes como churros y cada vez le parece que ha encontrado al mejor de todos. Durante el tiempo que dura este estado de gracia es la pareja más dulce, alegre, apasionada, generosa y dinámica que un hombre pueda soñar.

Es muy fácil para ella cambiar de idea, lo que sucede en cuanto se da cuenta de que la persona que había colocado sobre un pedestal y que creía que era un ser ideal, no es más que un simple mortal con todos sus defectos. En este caso, corta la situación de cuajo y tira por la borda todo aquello que hasta ese momento había podido construir.

Es ardiente y apasionada y sabe sufrir por amor pero no sabe condicionarse a ello. Generalmente decide el matrimonio a tambor batiente, con todas las consecuencias del caso. Si este funciona, se prodiga de mil maneras y da sus energías por entero para conseguir el bien de la familia; debido a su inagotable actividad, consigue conciliar perfectamente esto con su trabajo. Sin embargo, tiene que estar convencida de que su labor es una especie de misión, pues sin esta convicción se volvería histérica y desordenada.

Para satisfacer su vanidad escoge generalmente a un hombre que tenga una buena posición social y patrimonial, aunque esté perfectamente capacitada para mantenerse por sí sola. Esta elección no le impide sentirse la reina absoluta de su territorio y continuar dictando las leyes, aunque lo hace con alegría y sentido del humor y, en definitiva, se siente capaz de resolver cualquier problema. Esto puede resultar cómodo incluso para la pareja.

Si encuentra realmente al hombre de su vida es una de las mejores compañeras que se puedan tener, porque, a pesar de sus celos, estará siempre generosamente disponible, aunque tiene el defecto de sentirse depositaria de una verdad única que quiere hacer respetar a toda costa. Su ideal de hombre es casi siempre alguien que ella pueda sentir intelectualmente como su igual o superior, aunque se trata de algo que al final no consigue soportar. En efecto, no acepta ningún tipo de limitación y necesita sentirse libre en cada momento de su vida. Tiene un éxito particular con los hombres no muy fuertes de carácter, los cuales ven en ella lo que les falta a ellos. En este caso, nuestra Aries se convierte casi en una madre protectora y manifiesta imprevisibles dotes de ternura.

Es fiel por naturaleza, pero si sufre alguna dispersión busca el camino de la sinceridad; si le obstaculizan este camino, tiene un sentimiento de culpa y pierde buena parte de su serenidad.

Cuando la traicionan se siente impotente y defraudada y, al igual que en la historia de Medea, es capaz de las acciones más violentas, puesto que su sobresaliente necesidad de protagonismo no puede aceptar una posición de segundo plano.

Cuando la pasión se apaga y queda sólo un sentimiento de afecto se le hace mucho más fácil vivir y convivir porque disminuyen los celos y la posesión, lo que favorece un dinamismo más consciente.

El hombre Aries

Se trata del macho por excelencia, en el sentido de que quiere ser él quien conquiste, seguro de que nadie se atreverá a decirle que no. Cuando pone los ojos sobre una chica parte al ataque con la espada desenvainada y los músculos en tensión, sin ni siquiera tomar en consideración la posibilidad de no gustar. En consecuencia, se queda siempre aturdido ante una eventual actitud de frialdad, que hace que se retire. Y mientras se lame la herida piensa: «No sabe lo que se pierde...». Si, en cambio, se da cuenta de que existe una posibilidad de hacer caer la resistencia, se lanza con todas sus energías a la empresa y casi siempre obtiene la victoria. Su vida sentimental, en general, está llena de excesos, pero también de pequeños y grandes éxitos, pues cuando quiere resulta extremadamente simpático y conquistador, no sólo gracias a su innata capacidad de comunicar inmediatamente su carga pasional, sino también por su enorme ingenuidad.

En la relación amorosa pone su máximo entusiasmo e idealismo y es capaz de sacrificarse, pero se trata de un absolutista y no acepta pasar a un segundo lugar en ninguna situación. Quiere ser constantemente el centro de la atención de la amada y no admite que nada ni nadie puedan de alguna forma dañar su posición. En consecuencia, si mientras él habla, la chica mira a derecha e izquierda, pueden producirse escenas de rabia violenta que, a la larga, acaban minando la relación. Pero mientras tanto, él ya ha oteado a su alrededor y ya ha encontrado otro objetivo para quien reservar su carga pasional. Si esto no sucede, el Aries llega rápidamente al matrimonio, lo que revela un aspecto que contrasta bastante con la imagen exterior: su necesidad de un puerto seguro y de un afecto sincero. De todos modos, el matrimonio se convierte fácilmente en un campo de batalla, pues su absolutismo no admite la más mínima relajación en la dedicación por parte de la compañera. Incluso la llegada de los hijos que, por otra parte, desea ardientemente, puede ser otro motivo de lucha, ya que difícilmente acepta que adquieran el primer lugar en la familia. Si esta necesidad primaria suya no se satisface, se vuelve irritable y violento. Pero se necesita muy poco para domarlo: hay que dejarle entender que como él no hay nadie y que la atención hacia los hijos se debe exclusivamente al hecho de que son sus vástagos, sangre de su sangre. De esta forma, nuestro Aries se tranquiliza y continúa dedicando a la familia la mejor parte de sí mismo. De todos modos, siempre quedan unos celos furibundos que no deben alimentarse, a menos que se quiera provocar algún desastre. El hombre Aries mantiene dos formas de valoración: el baremo por el que juzga a su pareja no es el mismo que rige los actos de él. De todos modos, con el tiempo, la situación se estabilizará sobre bases de camaradería bastante sólidas. Como amante, Aries puede ser muy agradable y ardiente, aunque muy a menudo su ardor es más cuantitativo que cualitativo. Pero mientras dura, sabe electrizar la atmósfera que le rodea y dedicarse al objeto de su pasión con una disponibilidad absoluta. Sin embargo, en cuanto se da cuenta de que una relación no funciona es capaz de cortarla de golpe, aunque sufra, un gesto del que nunca se arrepentirá. Las aventuras, breves o largas, no faltarán nunca a lo largo de su vida, porque representan para él la confirmación de su virilidad. Las mujeres se convierten, en consecuencia, en una especie de caza necesaria para la supervivencia. Así pues, también en el amor, el Aries lleva la primavera y la ya repetida dinámica de los ciclos, con sus pequeñas torpezas, pero también con una encomiable sinceridad.

Relaciones con los demás signos: las parejas

Aries - Aries

Dos naturalezas tan volcánicas pueden encender realmente un fuego difícilmente controlable. El periodo de la pasión estará plagado de incidentes en el recorrido que pueden ir desde los celos más absurdos a las escenas más violentas. Se aman, se dejan y vuelven a retomar la relación en una continua alternancia de altibajos. No saben vivir el uno sin el otro, pero en cuanto están juntos todo estalla y basta una nadería para prender fuego en el hogar. Después de cada escena sienten que todo ha acabado, pero como, por encanto, recuperan en un momento toda su energía. Cuando se acaba la pasión, queda de todos modos la dificultad de convencer a dos personas que quieren tener el papel del dominador. Las discusiones estarán a la orden del día. En lo que siempre estarán de acuerdo será en sus iniciativas, del tipo que sean, siempre que sean capaces de dar una bocanada de aire nuevo a la vida cotidiana. Sería necesario esforzarse hacia una mayor adaptabilidad mutua.

Aries - Tauro

Los puntos de contacto son muy pocos y se tienen que buscar sobre todo en la atracción sexual. Tauro destaca por su apetito y sus celos, mientras que Aries se enciende con facilidad y puede prender la mecha de su pareja. Más allá de estos intentos de aproximación, la unión no es del todo aconsejable, a menos que Venus, la Luna y Marte se encuentren en el signo del otro. En este caso, es más fácil apostar por un futuro en común. De todos modos, será más favorable una relación entre una mujer Tauro y un hombre Aries, al que serviría como un sólido punto de referencia, que la contraria. Los nativos del signo tendrían que evitar, de todos modos, aprovecharse de la paciencia de Tauro, para no agotarla y quedarse relegado, fuera de su interés. Para que la relación resista, el Aries tendrá que adaptarse a la rutina y el Tauro a las iniciativas extemporáneas.

Aries - Géminis

El fuego ariano no necesita realmente ser alimentado con el aire de los Géminis, que además sería un poco frío. Por otra parte, los Géminis no se dejan dominar mucho por Aries, al que consideran un poco ingenuo. La relación va bastante bien mientras se mantiene en el nivel de la amistad, pero después tiende a desvanecerse porque a los dos les gusta destacar, y allí donde el Aries intenta vencer con su ímpetu, el Géminis, mucho más sofisticado, le derrota a la hora de lograr el éxito. Cuando la relación ya esté en marcha, se necesitará muy buena voluntad de las dos partes para mantenerla.

El nativo de Aries, si no quiere que lo cojan siempre a contrapié, tendrá que evitar lo máximo posible las actitudes presuntuosas, mientras que Géminis tendrá que utilizar toda su inteligencia para contener los excesos arianos. De una forma u otra, la convivencia se presenta bastante conflictiva y con el problema de los golpes de efecto.

Aries - Cáncer

Si el Aries es él, existe quizás alguna posibilidad de éxito, a veces incluso excelente, porque la mujer Cáncer echaría mano de sus intrínsecas cualidades maternas y perdonaría al Aries todas sus actitudes fuera de lugar. Además, sabría darle ese sentido del hogar que Aries busca en el fondo, incluso aunque desconozca su necesidad. En el caso inverso, los problemas aparecerían enseguida, puesto que el hombre Cáncer soportaría mal el inconformismo de la mujer Aries y su necesidad de sobresalir. En cualquier caso, aparecería seguramente alguna dificultad, pero sobre todo porque Aries se pone demasiado nervioso ante la conformidad de Cáncer o su necesidad de permanecer abrazado a algo que está consolidado desde hace tiempo. Si la unión resiste los primeros años, conseguirá encontrar un ajuste bastante sereno en la madurez. En el aspecto sexual puede lograrse un entendimiento si se salva el riesgo de la excesiva superficialidad de Aries.

Aries - Leo

Podría ser una de las parejas ganadoras del Zodiaco porque su vitalidad, aunque con matices diversos, se mezcla perfectamente. Los dos son ambiciosos, no soportan la rutina; además, a ambos les gusta ser protagonistas pero de forma distinta, pues consiguen casi siempre fusionarse perfectamente el uno con el otro con resultados muy brillantes, especialmente a nivel social, en el que pueden convertirse en una pareja muy solicitada. Sin embargo, a los dos les falta espíritu crítico y esto podría, si no va acompañado de una inteligencia superior a la media, ponerlos en ridículo por su manía de estar presentes. A pesar de esto, su entendimiento sexual es perfecto, mientras que los demás aspectos de la vida se justifican por una recíproca influencia positiva. En la vida cotidiana prodigan su innato optimismo y tienden a desdramatizar las dificultades a través de la creación a su alrededor de una atmósfera de cordialidad y de simpatía.

Aries - Virgo

Es muy difícil que estos dos signos encuentren un punto de contacto. Los Virgo son demasiado críticos y perfeccionistas y no aceptan la forma de comportarse de Aries, que se basa en la improvisación del momento; por ello, los contrastes están a la orden del día. Sin embargo, puede suceder que el Aries aprecie las dotes del otro, en particular el sentido del orden y de la moderación, precisamente porque a él le faltan, e intente soportar las inevitables críticas del Virgo. Tampoco en el aspecto sexual el entendimiento es óptimo, porque Virgo necesita una atmósfera particular mientras que Aries se comporta siempre de forma impulsiva. En consecuencia, los tiempos no están acordes y las frustraciones, por una y otra parte, separan a los signos. Si el afecto es profundo, a pesar de la diversidad, quizá podrían tirar hacia delante con un poco de buena voluntad.

Aries - Libra

Aunque muy distintos, se sienten fuertemente atraídos y casi siempre consiguen unirse. Si el hombre es Aries, el contacto con la mujer Libra calmará su hirviente espíritu y asumirá, poco a poco, un mayor control sobre sí mismo. Además, puesto que admira el estilo de su pareja, toma consciencia de su excesivo ímpetu e intenta contenerlo. Libra, por su parte, con toda la diplomacia de la que es naturalmente capaz, consigue decir a Aries cosas imposibles para otros y hacerlo reflexionar antes de tomar cualquier decisión. Con el tiempo, las cosas mejorarán hasta que se logre, en la casi totalidad de los casos, encontrar un acuerdo perfecto y armonioso. La atracción sexual es incandescente, pero con notas de distinción, si entre los dos existe un mismo nivel cultural. En especial, la mujer Aries tiene que aprender a dosificar su afectividad y su necesidad de dominio.

Aries - Escorpio

Noches fabulosas pero días para olvidar. El sexo desempeña el factor principal entre ambos signos, pero la vida diaria puede convertirse en un martirio. Aries no puede soportar los celos posesivos de Escorpio, que no acepta los ataques a su libertad personal, y viceversa. Ninguno de los dos signos quiere tampoco dirigir a su modo la cotidianidad, con el resultado de que cada encuentro se convierte en un enfrentamiento. Pero si Aries es más inmediato y más solar, aunque más egocéntrico, Escorpio sabe atizar golpes bajos y con plutoniana habilidad tiende trampas mortales. Es la pareja perfecta para los sadomasoquistas, que encuentran en la relación un terreno fértil de experiencias. La tensión se convierte en poco tiempo en insostenible, hasta que el Aries se va por su cuenta y deja que el otro se atormente y estudie crueles venganzas. También puede pasar que mantengan la relación sólo por el placer de destruirse.

Aries - Sagitario

Espléndido encuentro, que tiene la posibilidad de una duración larga, incluso eterna. Dos optimistas unidos que, con el lema del buen humor y del dinamismo, pueden realizar un largo camino juntos. El Sagitario acepta íntegramente el espíritu de iniciativa de Aries, el cual ayudará luego a concretar sin hacer que su intervención pese mucho. El Aries se lo agradecerá e intentará limar sus asperezas porque inconscientemente sabe que le será difícil encontrar a otra persona así. La necesidad de expansión de Sagitario amplía la visión de la vida de Aries con esa ampliación de la consciencia que anunciábamos en el apartado sobre la evolución personal. Si el nivel de los dos, tanto cultural como espiritual, es bastante alto, pueden nacer uniones que servirán de estímulo y de punto de referencia para muchas personas, que verán en ellos una pareja perfecta.

También en el aspecto sexual el entendimiento es perfecto y duradero.

Aries - Capricornio

Se trata de una relación difícil, pero no imposible, cuyo resultado depende a menudo sólo del nivel evolutivo y cultural de los dos. El Aries admira la solidez del Capricornio y su fructífera ambición, pero no soporta los ritmos severos y la seriedad. El Capricornio, por su lado, se pone nervioso, sin mostrarlo, por lo que cree que se trata de una forma de vida sin pies ni cabeza, pero también sabe admirar la alegre energía del otro. Un matrimonio podría tener posibilidades de éxito si se dispone de posibilidades económicas para recurrir a una asistenta que piense en todo y lo calcule, incluida la compra. Si se eliminan las complicaciones del día a día, incluso puede funcionar bien. En el aspecto sexual, el encuentro es incandescente, porque, con una pareja Aries, el Capricornio consigue dar rienda suelta a toda su pasión, la cual reprime muy a menudo, y revela impensables dotes de calor y ternura.

Aries - Acuario

Después de un encuentro que podría hacer pensar en un desarrollo positivo, en poco tiempo las diferencias de base saldrán a la luz y crearán dificultades en la relación, que se dirigirá rápidamente hacia el final. El Acuario vive en unas dimensiones absolutamente personales, con ritmos y opiniones que no quiere de ninguna manera poner en entredicho y al calor del inconformismo. Además, no soporta los ritmos arianos. Por su lado, el Aries es bastante más tradicionalista y no soporta ni la inaccesibilidad de la pareja ni la dificultad para imponer sus propios métodos. Esto provoca, incluso en el mejor de los casos, que cada uno se vaya por su cuenta, sin odio ni espíritu de venganza. Si, en cambio, se trata de una relación de pareja sin mucho amor y basada sobre todo en el aprecio recíproco, las posibilidades de que dure mucho tiempo son mayores, sobre todo si entre los dos existe una colaboración profesional.

Aries - Piscis

Parece imposible que dos signos tan antitéticos puedan crear una unión duradera. En cambio, casi siempre es así. Entre altibajos, picos de pasión o de desesperación, sobre todo si la mujer es Piscis, la relación puede durar toda la vida. El ímpetu ariano hace mella en la nebulosidad del Piscis, que obtiene de él energía y deja en libertad su envolvente sensualidad. El Aries domina con su fuerza, por lo menos superficialmente, al Piscis, que le regala realmente la impresión de ser único en la tierra. Pero en realidad, este último consigue poseer al Aries con su dedicación, sin que este se dé cuenta. De esta forma, ambos están contentos y satisfechos. Parece incluso como si existiera entre ellos un hilo mágico que los uniera de forma indisoluble. En el caso de la mujer Aries, esta tenderá a asumir en la relación con la pareja una actitud vagamente viril y protectora, que el otro aceptará de buen grado e incluso solicitará.

Cómo conquistar a un Aries

A una mujer Aries

La técnica más segura es la de hacerla sentir la más guapa, inteligente, atractiva y extraordinaria mujer del mundo. No es que sea creída, pero le gusta ser el centro del macrocosmos y de su microcosmos y, sin ello, cae en la infelicidad. Cortéjela, muéstrese amable e incluso algo trastornado por su presencia y pídale consejos sobre cómo conducir su vida. Cuando la haya conquistado y quiera quedarse con ella, tiene que estar disponible al máximo e intentar sorprenderla todos los días con alguna novedad. No dé nada nunca por descontado y recuerde que ella necesita vivir siempre un poco al límite. Si en el último momento cambia de idea sobre cualquier cosa, no debe enfadarse con ella sino reír, aunque lo que sienta realmente sean ganas de estirarle los pelos uno a uno. No sea tacaño, porque odia con todas sus fuerzas a las personas que cuentan hasta el último euro y si puede, tenga siempre una sorpresa reservada para ella. Caerá a sus pies.

A un hombre Aries

Obsérvelo con la boca abierta cuando habla, no contradiga nunca sus opiniones, incluso las más absurdas, y muéstrese disponible a seguirlo hasta el fin del mundo o a tomar como buena cualquiera de sus iniciativas. Otra técnica es la de no descubrir sus cartas y no mostrar ningún interés, pero hacerse notar con algún toque de originalidad. Se sentirá inmediatamente obligado a galantearla, ante lo que usted capitulará extasiada por su habilidad. Si luego decide casarse con él, y quiere que el matrimonio funcione, tendrá que adaptarse para estar en un segundo plano y dejarle el mando y la voluntad de su futuro, además del protagonismo en público. Su sueño es tener una mujer muy dulce, que lo reciba en casa con una sonrisa en los labios y esté orgullosa de él, como si fuera su héroe; es decir, una que no lo contradiga nunca abiertamente. Pero es tan ingenuo que, con un poco de astucia, usted conseguirá, en cambio, hacer siempre lo que quiera.

Cómo romper con un Aries

Con una mujer Aries

Gírese, mire a las demás y haga comentarios sobre sus cualidades físicas. Arrugue la nariz cada vez que se pone algo nuevo y dígale que en tal tienda hay ropa de mejor gusto y más barata. Cuando vayan al cine y la protagonista sea completamente distinta a ella, comente en voz alta que ese es su ideal femenino, pero que desgraciadamente debe contentarse con otro. Si va a su casa, pregúntele cómo consigue vivir entre tanto desorden y si no le vienen ganas nunca de encerar el suelo. Explíquele que usted, en su casa, quiere que esté todo limpio y ordenado y que una mujer está hecha para quedarse en casa y ocuparse del marido y de los hijos, por lo que no debe tener pájaros en la cabeza. Esté poco atento a sus necesidades y cuando quiera salir, dígale que prefiere quedarse en casa viendo la televisión. Lo mínimo que hará será salir huyendo.

Con un hombre Aries

No se necesita mucho, basta con que cada vez que abra la boca usted le conteste. Si intenta explicarle la bondad de lo que está haciendo, desmantele, ladrillo a ladrillo, toda la estructura de su razonamiento. Puesto que le falta a menudo el espíritu lógico, no podrá reconocer el suyo y esto hará que se enfade todavía más. Si decide emprender un viaje o sencillamente hacer algo juntos, empiece a quejarse diciendo que le duele la cabeza, que los zapatos le aprietan o que tiene ganas de dormir. Muéstrese más fuerte y capacitada que él y, en sociedad, presuma de sus éxitos y búrlese de los de él. Háblele siempre de alguien más: un colega, un vecino, un amigo o un pariente del que admire el estilo, la capacidad profesional o deportiva, o que le divierta por su inteligencia y su encanto. Dele continuamente consejos que no le haya pedido y haga comparaciones muy a menudo. Saldrá corriendo con tanto ímpetu que sentirá la polvareda que levanta.

La salud

Aries gobierna la cabeza y todo lo que contiene: el cráneo, el cerebro, la cara, los ojos, los dientes, la nariz, las orejas y el nervio óptico. La mayoría de las patologías están relacionadas con estos órganos. Así pues, no es difícil que los Aries se lamenten de migrañas o neuralgias, de abscesos o de conjuntivitis, de hipertensiones o infecciones.

El temperamento ariano es de tipo bilioso, por lo que si no consigue encontrar una válvula de seguridad a sus propias tensiones, ni organizar su hiperactividad, se convierte en una presa fácil de trastornos psicosomáticos.

Además, su enorme vitalidad, que a menudo se utiliza mal, le impide considerarse a sí mismo como un enfermo y, en consecuencia, abusa de la propia salud, más que cualquier otro signo. En caso de enfermedad, él mismo decide cuándo está curado, con resultados a veces fatales.

Padece agotamientos nerviosos, que intenta superar con fuerza de voluntad; casi siempre lo consigue, aunque evita confiar al prójimo la entidad de sus trastornos. Puede padecer arterioesclerosis y anemias. Los dolores de cabeza son bastante continuos y están relacionados con varios factores. A veces son el fruto de afecciones, como la sinusitis y la artrosis, pero pueden derivar de un estado emotivo bastante desequilibrado.

Los Aries están sometidos a menudo a traumas craneales debido a su impaciencia con las reglas, a excesos de velocidad o, sencillamente, a sus distracciones. Otro peligro está constituido por el fuego, el cual les agrada mucho y al que tratan con un desparpajo excesivo. Los Aries que tienen planetas en Libra, Cáncer y Capricornio, o cuando Marte, Saturno o Urano transitan por esos signos, deben dedicar mucha atención a la salud. En Capricornio puede haber sobre todo problemas con los dientes o con los huesos en general; en Cáncer, agotamientos nerviosos o problemas oculares, y en Libra, artritis reumatoide y fuertes dolores de cabeza. Debe tomar precauciones particulares cuando Marte transita, cada dos años, por el signo, en especial cuando forma un ángulo de 90° o una oposición de 180° con algún planeta. Las reglas de vida más adecuadas, aunque resultan muy importantes para este signo, le resultan casi imposibles de practicar, salvo cuando se da la presencia de planetas en prudentes signos de Tierra. En particular, durante los tránsitos difíciles, se tienen que evitar los excesos de actividad, el uso de máquinas rápidas, los objetos cortantes y puntiagudos y el encendido de fuegos sin las protecciones necesarias. Aries no se siente particularmente atraído por la comida y, por lo tanto, sólo en casos muy raros presenta exceso de peso. Sin embargo, tiende a abusar de la carne, que, a la larga, podría favorecer trastornos en la circulación arterial a los que ya está predispuesto. En su dieta se aconseja moderar la cantidad de carnes, aunque sean magras, grasas, azúcares, especias o comidas en lata, para dar preferencia a las carnes blancas, el pescado —excepto los crustáceos—, la verdura y fruta fresca, el azúcar de caña y la miel. Además, las infusiones de manzanilla o de tila resultan muy beneficiosas, si se toman por la noche antes de ir a dormir pero también durante el día. Además, tiene que aprender a comer con calma y proporcionar periódicamente a su organismo las oportunas dosis de hierro y sales de potasio.

Ficha del signo

Elemento: Fuego
Calidad del signo: cardinal, masculino
Planeta dominante: Marte
Longitud en el Zodiaco: de 0 a 30°
Casa zodiacal: I
Periodo estacional: inicio de la primavera
Estrellas fijas: Alpherat, Difida, Mirach
Color: rojo
Día de la semana: martes
Piedra: rubí
Metal: hierro
Perfume: resina
Lema: Yo soy
Cartas del Tarot: el Papa, el Emperador, la Fuerza
Países, regiones y ciudades: Sicilia, Alemania, Japón
Analogías: la iniciativa, la acción rápida, el espíritu de aventura, el guía, la cabeza, el hierro, el fuego, los objetos cortantes, los animales con cuernos, las plantas espinosas.

Personajes famosos que pertenecen a este signo

Entre las mujeres Aries podemos señalar especialmente una que sobresale por sus peculiaridades, aunque se trata de un personaje extremadamente distante en el tiempo y en el tipo de vida. Se trata de santa Teresa de Jesús, nacida el 28 de marzo de 1515.

Este personaje dedicó todo el ardor de su alma a una causa ideal, la de Cristo, mediante la fundación de 32 conventos. Pero el encierro y la represión de su poderosa sexualidad le provocaron agotamiento y crisis histéricas que la tuvieron largas temporadas postrada con fiebres altísimas. Sin embargo, salía transformada de estos ataques, donde el espíritu proclamaba su victoria sobre la carne.

Entre los hombres Aries, además de Adolf Hitler, nacido el 20 de abril de 1889, que representa el peor prototipo del signo, con su violencia y su locura, podemos citar a Ugo Tognazzi, nacido el 23 de marzo de 1922, y a Marlon Brando, nacido el 3 de abril de 1924. Los dos actores vivieron siguiendo su carácter impulsivo y conquistador, pasando de una mujer a otra con extrema desenvoltura, aunque otros planetas en signos más «tranquilos» los han redimensionado en el tiempo y ambos han sometido a verificaciones los respectivos excesos. En particular, Ugo Tognazzi, después de encontrar a la mujer perfecta, como muchos otros Aries, se tranquilizó y desplazó su «creatividad» a otros sectores. Le quedó, no obstante, el sentido del humor punzante e inteligente y un exceso de sinceridad, además de un gran respeto por su propia individualidad.

Otros personajes nacidos en el signo de Aries han sido: Leonardo da Vinci (15 de abril de 1452), Johann Sebastian Bach (21 de marzo de 1685), Hans Christian Andersen (2 de abril de 1805), Vincent Van Gogh (30 de marzo de 1853), el mago Houdini (24 de marzo de 1874), Charlie Chaplin (16 de abril de 1889), Joan Miró (20 de abril de 1893), Omar Sharif (10 de abril de 1932), Claudia Cardinale (15 de abril de 1938), Diana Ross (26 de marzo de 1944) y Quentin Tarantino (27 de marzo de 1963).

Segunda parte

EL ASCENDENTE

Cómo calcular el ascendente

El ascendente tiene una importancia fundamental entre los factores astrales que caracterizan un horóscopo. El signo en el que se encuentra el ascendente es el que en el momento del nacimiento se levantaba en el horizonte, y cambia según la hora y el lugar en que se produjo.

El ascendente puede definirse como el punto de partida de las posibilidades de desarrollo individual; describe a la persona en sus características más evidentes: el comportamiento, las reacciones instintivas, las tendencias más naturales y manifiestas, e influye también en el aspecto físico. Muy a menudo, el individuo se reconoce más en las características típicas del ascendente que en las del signo solar al que pertenece: esto sucede porque el ascendente es la imagen consciente que tenemos de nosotros mismos y que manifestamos a los demás.

El ascendente, además, al caracterizar la constitución física, proporciona informaciones muy interesantes en el plano de la salud, pues indica los órganos y las partes del cuerpo más sujetas a trastornos y al tipo de estímulos a los que el individuo reacciona más rápidamente.

La presencia de los planetas en conjunción con el ascendente intensifica la personalidad y resalta algunas de las características, que de esta forma adquieren una evidencia particular: por ejemplo, encanto y amabilidad en el caso de Venus, y agresividad y competitividad en Marte.

Cálculo del ascendente

Los datos necesarios para calcular el ascendente son los siguientes: fecha, lugar y hora exacta del nacimiento (en el caso de que no se conozca la hora, se puede pedir en el registro la partida de nacimiento). Se acepta una aproximación de unos 15-20 minutos.

El procedimiento es sencillo, y sólo con algunos cálculos se podrá obtener la posición del ascendente con cierta precisión.

Pongamos un ejemplo con un nacimiento que tuvo lugar en Burgos, el 15 de junio de 1970 a las 17 h 30 min (hora oficial).

1. La primera operación que se debe hacer siempre será consultar la tabla de la pág. 65 para ver si en ese momento había alguna alteración horaria con respecto a la hora de Greenwich (que es la referencia horaria mundial y el meridiano patrón para España). En el caso de este ejemplo, había una diferencia de una hora y por ello es necesario restar una hora de la hora de nacimiento. Por lo tanto, tendremos: 17 h 30 min − 1 h (huso horario) = 16 h 30 min.

En cambio, en el caso de no haber horario de verano, no se deberá restar nada; pero si hay dos horas de diferencia con la hora oficial, entonces habrá que restarlas.

2. El resultado que se obtiene se suma a la hora sideral, que se puede localizar en la tabla de la pág. 72.

La hora sideral para la fecha que hemos tomado como ejemplo es 17 h 31 min; por lo tanto: 16 h 30 min + 17 h 31 min = 33 h 61 min. Pero este resultado precisa una corrección: de hecho, es necesario recordar que estamos realizando operaciones sexagesimales (es decir, estamos sumando horas, minutos y segundos).

Los minutos no pueden superar los 60, que es el número de minutos que hay en una hora. Por ello, el resultado se tiene que modificar transportando estos 60 minutos a la izquierda, transformándolos en 1 hora y dejando invariable el número de minutos restantes. Corregido de esta forma, el resultado original de 33 h 61 min se ha convertido en 34 h 1 min.

3. A continuación, para llegar hasta la determinación exacta del tiempo sideral de nacimiento, es necesario sumar al resultado obtenido la longitud traducida en tiempo relativa al lugar de nacimiento. La tabla de la pág. 69 proporciona la longitud en tiempo de las principales ciudades españolas: En el caso de Burgos, que es la ciudad del ejemplo, tenemos que restar 14 min 49 s. Podemos quitar los segundos para facilitar el procedimiento, ya que no altera prácticamente el resultado.

Para poder restar los minutos, debemos transformar una hora en minutos. Quedará así: 34 h 01 min = 33 h 61 min; 33 h 61 min – 14 min = 33 h 47 min.

Puesto que el resultado supera las 24 horas que tiene un día, es necesario restar 24.

Finalmente quedará así: 33 h 47 min – 24 h = 9 h 47 min, que indica el tiempo sideral de nacimiento.

4. Después de obtener, finalmente, este dato, sólo tendremos que consultar la tabla de la pág. 64 para descubrir en qué signo se encuentra el ascendente: en el caso que hemos tomado como ejemplo, el ascendente se encuentra en el signo de Escorpio.

Para resumir el procedimiento que hay que seguir, lo presentamos en este esquema, que puede ser útil para realizar el cálculo del propio ascendente.

```
........  −  HORA DE NACIMIENTO  −
1.00      =  1 HORA DE HUSO = (en caso necesario hay que restar 2 horas)
........  +  HORA DE GREENWICH +
........  =  HORA SIDERAL (tabla de la pág. 72) =

........  +  RESULTADO +
........  =  LONGITUD EN TIEMPO
             (tabla de la pág. 69)  =

........     TIEMPO SIDERAL DE NACIMIENTO

TIEMPO SIDERAL DE NACIMIENTO = ................................
ASCENDENTE (tabla en esta página) = ................................
```

N.B. Al hacer los cálculos, hay que recordar siempre que se debe verificar que los minutos no superen los 60 y las horas las 24, y realizar las oportunas correcciones, como muestra el ejemplo. También se pueden efectuar estas al final del cálculo todas juntas.

BUSQUE AQUÍ SU ASCENDENTE

de 0.35' a 3.17'	ascendente en Leo
de 3.18' a 6.00'	ascendente en Virgo
de 6.01' a 8.43'	ascendente en Libra
de 8.44' a 11.25'	ascendente en Escorpio
de 11.26' a 13.53'	ascendente en Sagitario
de 13.54' a 15.43'	ascendente en Capricornio
de 15.44' a 17.00'	ascendente en Acuario
de 17.01' a 18.00'	ascendente en Piscis
de 18.01' a 18.59'	ascendente en Aries
de 19.00' a 20.17'	ascendente en Tauro
de 20.18' a 22.08'	ascendente en Géminis
de 22.09' a 0.34'	ascendente en Cáncer

CAMBIOS HORARIOS EN ESPAÑA

Se resta 1 h a los nacidos en:

• 1918, entre el 15 de abril a las 23.00 h y el 6 de octubre a las 00.00 h.

• 1919, entre el 6 de abril a las 23.00 h y el 6 de octubre a las 00.00 h.

No se suma ni se resta nada a los nacidos entre 1920 y 1923.

Se resta 1 h a los nacidos en:

• 1924, entre el 16 de abril a las 23.00 h y el 4 de octubre a las 00.00 h.

No se suma ni se resta nada a los nacidos en el año 1925.

Se resta 1 h a los nacidos en:

• 1926, entre el 17 de abril a las 23.00 h y el 2 de octubre a las 00.00 h.

• 1927, entre el 9 de abril a las 23.00 h y el 1 de octubre a las 00.00 h.

• 1928, entre el 14 de abril a las 23.00 h y el 6 de octubre a las 00.00 h.

• 1929, entre el 20 de abril a las 23.00 h y el 6 de octubre a las 00.00 h.

No se suma ni se resta nada a los nacidos entre 1930 y 1936.

Se resta 1 h a los nacidos en:

• 1937, zona republicana, entre el 16 de junio a las 23.00 h y el 6 de octubre a las 00.00 h; zona nacional, entre el 22 de mayo a las 23.00 h y el 2 de octubre a las 00.00 h.

• 1938, zona republicana, entre el 2 de abril a las 23.00 h y el 30 de abril a las 23.00 h.

Se restan 2 h a los nacidos en:

• 1938, zona republicana, entre el 30 de abril a las 23.00 h y el 2 de octubre a las 00.00 h.

Se resta 1 h a los nacidos en:

• 1938, zona republicana, entre el 2 de octubre a las 00.00 h y el 31 de diciembre a las 00.00 h.

Se resta 1 h a los nacidos en:

• 1938, zona republicana, entre el 26 de marzo y el 1 de octubre a las 00.00 h.

• 1939, zona republicana, entre el 1 de enero y el 1 de abril; zona nacional, entre el 15 de abril a las 23.00 h y el 7 de octubre a las 00.00 h.

• 1940, entre el 16 de marzo a las 23.00 h y el 31 de diciembre a las 00.00 h.

Se resta 1 h a los nacidos en 1941.

Se resta 1 h a los nacidos en:

• 1942, entre el 1 de enero y el 2 de mayo a las 23.00 h.

Se restan 2 h a los nacidos en:

• 1942, entre el 2 de mayo a las 23.00 h y el 1 de septiembre a las 00.00 h.

• 1943, entre el 17 de abril a las 23.00 h y el 2 de octubre a las 00.00 h.

• 1944, entre el 17 de abril a las 23.00 h y el 1 de octubre a la 1.00 h.

• 1945, entre el 14 de abril a las 23.00 h y el 30 de septiembre a la 1.00 h.

• 1946, entre el 13 de abril a las 23.00 h y el 28 de septiembre a las 00.00 h.

• 1949, entre el 30 de abril a las 23.00 h y el 2 de octubre a la 1.00 h.

Se resta 1 h a los nacidos en fechas que no se han citado anteriormente entre los años 1942 y 1949.

Se resta 1 h a los nacidos entre 1950 y 1973.

Se restan 2 h a los nacidos en:

- 1974, entre el 13 de abril a las 23.00 h y el 6 de octubre a la 1.00 h.
- 1975, entre el 12 de abril a las 23.00 h y el 4 de octubre a las 00.00 h.
- 1976, entre el 27 de marzo a las 23.00 h y el 25 de septiembre a las 00.00 h.
- 1977, entre el 2 de abril a las 23.00 h y el 24 de septiembre a las 00.00 h.
- 1978, entre el 2 de abril a las 2.00 h y el 30 de septiembre a las 3.00 h.
- 1979, entre el 1 de abril a las 2.00 h y el 30 de septiembre a las 3.00 h.
- 1980, entre el 6 de abril a las 2.00 h y el 26 de septiembre a las 2.00 h.
- 1981, entre el 29 de marzo a las 2.00 h y el 27 de septiembre a las 3.00 h.
- 1982, entre el 29 de marzo a las 2.00 h y el 27 de septiembre a las 2.00 h.
- 1983, entre el 27 de marzo a las 2.00 h y el 25 de septiembre a las 2.00 h.
- 1984, entre el 24 de marzo a las 2.00 h y el 30 de septiembre a las 3.00 h.
- 1985, entre el 31 de marzo a las 2.00 h y el 29 de septiembre a las 3.00 h.
- 1986, entre el 29 de marzo a las 2.00 h y el 27 de septiembre a las 3.00 h.
- 1987, entre el 29 de marzo a las 2.00 h y el 27 de septiembre a las 3.00 h.
- 1988, entre el 27 de marzo a las 2.00 h y el 25 de septiembre a las 3.00 h.
- 1989, entre el 26 de marzo a las 2.00 h y el 24 de septiembre a las 3.00 h.
- 1990, entre el 25 de marzo a las 2.00 h y el 29 de septiembre a las 3.00 h.

- 1991, entre el 24 de marzo a las 2.00 h y el 29 de septiembre a las 3.00 h.
- 1992, entre el 29 de marzo a las 2.00 h y el 27 de septiembre a las 3.00 h.
- 1993, entre el 28 de marzo a las 2.00 h y el 26 de septiembre a las 3.00 h.
- 1994, entre el 27 de marzo a las 2.00 h y el 25 de septiembre a las 3.00 h.
- 1995, entre el 26 de marzo a las 2.00 h y el 24 de septiembre a las 3.00 h.
- 1996, entre el 24 de marzo a las 2.00 h y el 27 de octubre a las 3.00 h.
- 1997, entre el 30 de marzo a las 2.00 h y el 26 de octubre a las 3.00 h.
- 1998, entre el 29 de marzo a las 2.00 h y el 25 de octubre a las 3.00 h.
- 1999, entre el 27 de marzo a las 2.00 h y el 30 de octubre a las 3.00 h.
- 2000, entre el 26 de marzo a las 2.00 h y el 29 de octubre a las 3.00 h.
- 2001, entre el 25 de marzo a las 2.00 h y el 28 de octubre a las 3.00 h.
- 2002, entre el 31 de marzo a las 2.00 h y el 27 de octubre a las 3.00 h.
- 2003, entre el 30 de marzo a las 2.00 h y el 26 de octubre a las 3.00 h.
- 2004, entre el 28 de marzo a las 2.00 h y el 31 de octubre a las 3.00 h.
- 2005, entre el 27 de marzo a las 2.00 h y el 30 de octubre a las 3.00 h.
- 2006, entre el 26 de marzo a las 2.00 h y el 29 de octubre a las 3.00 h.
- 2007, entre el 25 de marzo a las 2.00 h y el 28 de octubre a las 3.00 h.
- 2008, entre el 30 de marzo a las 2.00 h y el 26 de octubre a las 3.00 h.
- 2009, entre el 29 de marzo a las 2.00 h y el 25 de octubre a las 3.00 h.
- 2010, entre el 28 de marzo a las 2.00 h y el 31 de octubre a las 3.00 h.
- 2011, entre el 27 de marzo a las 2.00 h y el 30 de octubre a las 3.00 h.

Se resta 1 h a los nacidos entre 1974 y 1990 en las fechas que no figuran entre las anteriores.

TABLA DE COORDENADAS
DE LAS PRINCIPALES CIUDADES DE ESPAÑA

Ciudad	*Latitud*	*Longitud*
A CORUÑA	43° 23'	– 33' 34"
ALBACETE	39° 00'	– 7' 25"
ALCUDIA	39° 52'	+ 11' 36"
ALGECIRAS	36° 09'	– 21' 52"
ALICANTE	38° 20'	– 1' 56"
ALMERÍA	36° 50'	– 9' 52"
ÁVILA	40° 39'	– 18' 47"
BADAJOZ	38° 53'	– 27' 53"
BARCELONA	41° 23'	+ 8' 44"
BILBAO	43° 15'	– 11' 42"
BURGOS	42° 20'	– 14' 49"
CÁCERES	39° 28'	– 25' 29"
CADAQUÉS	42° 17'	+ 13' 08"
CÁDIZ	36° 32'	– 25' 11"
CALATAYUD	41° 20'	– 6' 40"
CARTAGENA	37° 38'	– 3' 55"
CASTELLÓN	39° 50'	– 0' 09"
CIUDAD REAL	38° 59'	– 15' 43"
CIUDAD RORIGO	40° 36'	– 26' 08"
CÓRDOBA	37° 53'	– 19' 07"
CUENCA	40° 04'	– 8' 32"
ÉIBAR	43° 11'	– 11' 52"
ELCHE	38° 15'	– 2' 48"
FRAGA	41° 32'	– 1' 24"
FUERTEVENTURA	28° 30'	– 56' 00"

Ciudad	Latitud	Longitud
GERONA	41° 59'	+ 11' 18"
GIJÓN	43° 32'	– 22' 48"
GOMERA	28° 10'	– 1 h 08' 20"
GRANADA	37° 11'	– 14' 24"
GUADALAJARA	40° 38'	– 12' 39"
HIERRO	27° 57'	– 1 h' 44"
HUELVA	37° 16'	– 27' 47"
HUESCA	42° 08'	– 1' 38"
IBIZA	38° 54'	+ 5' 44"
JAÉN	37° 46'	– 15' 09"
LA PALMA	25° 40'	– 1 h 11' 20"
LANZAROTE	29° 00'	– 54' 40"
LAS PALMAS G. C.	28° 06'	– 1 h 01' 40"
LEÓN	42° 36'	– 22' 16"
LÉRIDA	41° 37'	+ 2' 30"
LINARES	38° 06'	– 14' 32"
LOGROÑO	42° 28'	– 9' 47"
LORCA	37° 41'	– 6' 48"
LUGO	43° 01'	– 30' 14"
MADRID	40° 24'	– 14' 44"
MAHÓN	39° 50'	+ 17' 12"
MÁLAGA	36° 43'	– 17' 41"
MANACOR	39° 34'	+ 12' 53"
MANRESA	41° 44'	+ 7' 20"
MARBELLA	36° 30'	– 19' 36"
MIERES	43° 15'	– 23' 04"
MURCIA	37° 59'	– 4' 31"

Ciudad	Latitud	Longitud
ORENSE	42° 20'	– 31' 27"
OVIEDO	43° 22'	– 23' 22"
PALENCIA	42° 00'	– 18' 08"
P. MALLORCA	39° 34'	+ 10' 36"
PAMPLONA	42° 49'	– 6' 36"
PLASENCIA	40° 03'	– 24' 32"
PONFERRADA	42° 33'	– 26' 20"
PONTEVEDRA	42° 26'	– 34' 36"
SALAMANCA	40° 57'	– 22' 40"
SAN SEBASTIÁN	43° 19'	– 7' 56"
STA. CRUZ DE TENERIFE	28° 28'	– 1 h 5' 57"
SANTIAGO DE COMP.	42° 52'	– 34' 12"
SANTANDER	43° 28'	– 15' 13"
SEGOVIA	40° 57'	– 16' 30"
SEVILLA	37° 23'	– 23' 58"
SORIA	41° 46'	– 9' 52"
TARRAGONA	41° 07'	+ 5' 02"
TERUEL	40° 20'	– 4' 26"
TOLEDO	39° 51'	– 16' 05"
TORTOSA	40° 49'	+ 2' 04"
TUDELA	42° 04'	– 6' 24"
VALENCIA	39° 28'	– 1' 30"
VALLADOLID	41° 39'	– 18' 53"
VIELLA	42° 42'	+ 3' 16"
VIGO	42° 18'	– 34' 44"
VITORIA	42° 51'	– 10' 42"
ZAMORA	41° 30'	– 23' 01"
ZARAGOZA	41° 34'	– 3' 31"

TABLA PARA LA BÚSQUEDA DE LA HORA SIDERAL

Día	En.	Feb.	Mar.	Abr.	May.	Jun.	Jul.	Ag.	Sept.	Oct.	Nov.	Dic.
1	6.36	8.38	10.33	12.36	14.33	16.36	18.34	20.37	22.39	0.37	2.39	4.38
2	6.40	8.42	10.37	12.40	14.37	16.40	18.38	20.41	22.43	0.41	2.43	4.42
3	6.44	8.46	10.40	12.44	14.41	16.43	18.42	20.45	22.47	0.45	2.47	4.46
4	6.48	8.50	10.44	12.48	14.45	16.47	18.46	20.49	22.51	049	2.51	4.50
5	6.52	8.54	10.48	12.52	14.49	16.51	18.50	20.53	22.55	0.53	2.55	4.54
6	6.56	8.58	10.52	12.55	14.53	16.55	18.54	20.57	22.59	0.57	2.59	4.57
7	7.00	9.02	10.56	12.58	14.57	16.59	18.58	21.00	23.03	1.01	3.03	5.01
8	7.04	9.06	11.00	13.02	15.01	17.03	19.02	21.04	23.07	1.05	3.07	5.05
9	7.08	9.10	11.04	13.06	15.05	17.07	19.06	21.08	23.11	1.09	3.11	5.09
10	7.12	9.14	11.08	13.10	15.09	17.11	19.10	21.12	23.14	1.13	3.15	5.13
11	7.15	9.18	11.12	13.15	15.13	17.15	19.14	21.16	23.18	1.17	3.19	5.17
12	7.19	9.22	11.16	13.18	15.17	17.19	19.18	21.20	23.22	1.21	3.23	5.21
13	7.23	9.26	11.20	13.22	15.21	17.23	19.22	21.24	23.26	1.25	3.27	5.25
14	7.27	9.30	11.24	13.26	15.24	17.27	19.26	21.28	23.30	1.29	3.31	5.29
15	7.31	9.33	11.28	13.30	15.28	17.31	19.30	21.32	23.34	1.32	3.35	5.33

16	7.35	9.37	11.32	13.34	15.32	17.34	19.34	21.36	23.38	1.36	3.39	5.37
17	7.39	9.41	11.36	13.38	15.36	17.38	19.38	21.40	23.42	1.40	3.43	5.41
18	7.43	9.45	11.40	13.42	15.40	17.42	19.42	21.44	23.46	1.44	3.47	5.45
19	7.47	9.49	11.44	13.46	15.44	17.46	19.46	21.48	23.50	1.48	3.50	5.49
20	7.51	9.53	11.48	13.50	15.48	17.50	19.49	21.52	23.54	1.52	3.54	5.53
21	7.55	9.57	11.52	13.54	15.52	17.54	19.53	21.56	23.58	1.56	3.58	5.57
22	7.59	10.01	11.55	13.58	15.56	17.58	19.57	22.00	0.02	2.00	4.02	6.01
23	8.03	10.05	11.58	14.02	16.00	18.02	20.02	22.04	0.06	2.04	4.06	6.05
24	8.07	10.09	12.02	14.06	16.04	18.06	20.06	22.08	0.10	2.06	4.10	6.09
25	8.11	10.13	12.06	14.10	16.08	18.10	20.10	22.12	0.14	2.12	4.14	6.13
26	8.15	10.17	12.10	14.14	16.12	18.14	20.14	22.16	0.18	2.16	4.18	6.17
27	8.19	10.21	12.14	14.18	16.16	18.18	20.18	22.20	0.23	2.20	4.22	6.21
28	8.23	10.25	12.18	14.22	16.20	18.22	20.22	22.24	0.26	2.24	4.26	6.24
29	8.26	10.29	12.22	14.26	16.24	18.26	20.26	22.27	0.30	2.28	4.30	6.28
30	8.30		12.26	14.29	16.28	18.30	20.30	22.31	0.34	2.32	4.34	6.32
31	8.34		12.30		16.32		20.33	22.35		2.36		6.36

Si usted es Aries con ascendente...

Aries con ascendente Aries

Doble Fuego, doble energía: se acentúan las características del signo. Nos encontramos frente a una persona que actúa siempre por impulsos, lo que puede plantearle alguna dificultad en las relaciones con los demás. No tiene segundas intenciones, sus palabras y su forma de actuar son siempre directas; es capaz de arrojarse al fuego por un amigo o una causa. Bastante intransigente, para él existen sólo el blanco y el negro, lo bueno y lo malo, y difícilmente vuelve sobre sus pasos. Sin embargo, tiene las sobresalientes cualidades de los pioneros y la capacidad de inculcar en los demás su entusiasmo.

Aries con ascendente Tauro

Menos impetuosa que la combinación anterior, esta puede ayudar al Aries a tener un comportamiento más reflexivo. Las acciones, en consecuencia, serán menos violentas y la elección de los objetivos, más meditada. Se trata de un trabajador óptimo y orgulloso. Dará la impresión de ser una persona que merece confianza. Los celos afectivos asumirán aspectos más marcados, pero acompañados de una sensualidad envolvente y protectora que harán de él un amante sin igual. Las relaciones con la pareja se verán facilitadas por una mayor dulzura y por la fidelidad. Físicamente serán más imponentes que el Aries puro.

Aries con ascendente Géminis

Esta combinación de Fuego y Aire crea un individuo pasional y cerebral al mismo tiempo, intolerante con la estupidez y que muestra curiosidad por la vida en todas sus manifestaciones. Se sentirá atraído por la inteligencia de los demás y, durante toda su vida, intentará estimular la suya mediante intereses en varios campos. Respecto al Aries puro, tendrá un mejor control de su actividad y, sobre todo, será capaz de encontrar distintos caminos para la solución de los problemas. También tendrá la capacidad de observarse desde lejos y corregir, por lo tanto, algunos excesos y actitudes. Estará dotado de una cierta diplomacia, por lo que difícilmente caerá en meteduras de pata ofensivas, lo que facilitará las relaciones con todos aquellos a los que se acerque.

Aries con ascendente Cáncer

Es una combinación fascinante pero también problemática y poco armoniosa. La impetuosidad ariana se diluirá a veces en la introversión de Cáncer, con todas las angustias, las dudas y los problemas de este signo. En poco tiempo, la componente de Aries tomará de nuevo las riendas y rechazará todas las debilidades, incluido el romanticismo innato del Cáncer. Esta persona oscilará entre decisiones imprevistas e indecisiones incomprensibles, entre la necesidad de actuar y la de dejarse ir, junto con la pereza más absoluta. Su verdadera fuerza está en afrontar los momentos difíciles de la vida: ante catástrofes que derrumbarían a otros, da muestras de un empuje y una fuerza increíbles, que lo ayudan a superar todas las dificultades. Puede sufrir depresiones.

Aries con ascendente Leo

Es una combinación vagamente peligrosa, puesto que puede caracterizar a una persona que no se detiene ante nada ni nadie, con un sentido del ego excesivo. Convencido de ser una excepción, si no dispone de una inteligencia sobresaliente, puede llegar a convertirse en una persona irritante por su presunción, que acabará sufriendo derrumbamientos colosales. Pero si su inteligencia es realmente excepcional y su evolución espiritual está al mismo nivel, nos podremos encontrar frente a una persona fuera de lo normal, generosa, leal y emprendedora. Orgullosa y consciente de su propio valor, dotada también de un notable carisma, buscará sólo lugares de mando a lo largo de su vida, y su carrera profesional será una ascensión continua.

Aries con ascendente Virgo

Es una combinación bastante difícil, puesto que la fuerza vital e irreflexiva de Aries tropieza con el sentido de la realidad y el espíritu crítico de Virgo. En consecuencia, la acción quizá perderá empuje y se formarán complejos de culpa, con las consiguientes frustraciones. La persona Aries-Virgo tendrá, por lo tanto, ciertas dificultades para mostrarse unitario y tenderá a actuar de forma descordinada. Pero si el signo de Aries, además de hospedar el Sol, contiene otros planetas y es, por lo tanto, bastante fuerte, es posible que el ardor de Aries se mantenga, mientras que Virgo le proporcionará constancia de entendimiento, autocrítica y prudencia. La parte Aries se volverá menos impulsiva.

Aries con ascendente Libra

Dos fuerzas opuestas pero que tienden a unirse. Aries pierde su incontrolable e impetuosa necesidad de acción y adquiere una mayor dulzura y sentido de la oportunidad. El sentido de armonía de Libra aporta equilibrio a Aries y lo acostumbra a vivir con mayor refinamiento y a filtrar sus necesidades a través del buen gusto. Tiene una personalidad llena de encanto. Por lo que, la relación con los demás, que por lo general resulta difícil de aceptar por Aries, es casi siempre agradable y sincera. Pero existe un riesgo: la necesidad de este último de actuar siempre según su criterio y utilizar a Libra para respetar la forma pero no el fondo. Riesgo de un exceso de violencia oculta.

Aries con ascendente Escorpio

Se trata de una combinación de gran fuerza que, si está bien encauzada, puede dar resultados excepcionales, pero que también puede revelarse destructiva. Los excesos marcan una personalidad que no retrocede ante los obstáculos que se interponen entre la voluntad y la conquista de los deseos. No acepta ni reglas de comportamiento ni opiniones ajenas. Temerario, posesivo y vengativo, puede construir y destruir durante toda su vida. La ingenuidad de la componente Aries se alterna con la desconfianza de Escorpio, lo que da vida a una persona extremadamente interesante, pero que no sabe nunca desde qué lado afrontar las cosas. Su enorme fuerza física y moral y la capacidad de comprender cosas que para los otros no están claras, hará que consiga siempre imponer su propia voluntad.

Aries con ascendente Sagitario

Es una bonita y ardiente combinación que une a su impetuosidad el sentido de la justicia, lo que difícilmente le hará actuar sin un motivo válido. De naturaleza alegre y sociable, con un carácter fuerte y luchador, recoge casi siempre una simpatía unánime. Es muy importante para él vivir con un ideal por el cual luchar. Amante de los viajes y de todo aquello que puede ayudarle a ampliar sus horizontes, no aceptará nada que lo pueda relegar a una situación de inacción y sin ninguna perspectiva de actuación, tanto espiritual como social. La fe en los ideales puede esconder el riesgo de una pérdida de contacto con la realidad. Tenga siempre presentes los aspectos prácticos de la vida.

Aries con ascendente Capricornio

Fuerza, capacidad y ambición caracterizan a este nativo. Al ser una combinación de elementos que contrastan entre ellos (fuego y tierra), será capaz de dar los mejores frutos, especialmente en lo social y profesional. El espíritu de iniciativa de Aries podrá sacar ventajas del método, la constancia y una cierta frialdad, necesarios para conseguir el éxito. Contendrá su ímpetu y sólo lo utilizará allí donde sea necesario para derribar la puerta del poder. Esta persona conquistará posiciones de prestigio porque sabrá sacar provecho de todas las situaciones, por pequeñas que sean. También en el amor pasará rápidamente de la pasión a la frialdad, y sacrificará todas sus debilidades en el altar de la ambición.

Aries con ascendente Acuario

En esta persona, la necesidad de libertad es la nota dominante de toda la vida y puede llegar a convertirse en egoísmo. Se adapta difícilmente a un trabajo rutinario, puesto que aspira sobre todo a convertirse en un reformador, a dar vida a nuevas ideas, quizás utópicas, y a ampliar los límites del conocimiento. El deseo de formar parte de todas las manifestaciones de la vida, de estar siempre en la vanguardia de los tiempos lo hace caprichoso e idealista a la vez, pero sin perder el necesario contacto con la realidad. Tiene un destacado sentido de la amistad, y se presta a lograr el bien para los demás. En las personas especialmente evolucionadas, estas características generan actitudes individualistas, pero que están dirigidas a obtener el bien común, en el que los egoísmos pueden hacerse desaparecer y donde cada uno puede dar lo mejor de sí mismo.

Aries con ascendente Piscis

Unión extrañamente armoniosa, puesto que a la fuerza típica de Aries une la pasividad, la dulzura y el cambio de los Piscis. Se obtiene por lo tanto, aunque con frecuentes cambios de humor, una moderación en los impulsos y una mayor intuición y sensibilidad. De esta combinación nace una persona que, aunque sufre un contraste entre voluntad y sentimiento, sabe hacerlos convivir en un equilibrio armonioso y consigue, con el tiempo, una satisfactoria realización tanto a nivel espiritual como a nivel práctico. En el amor, sabe unir el ardor con una ternura poco común y sacrifica sus necesidades por el bien de los demás, aunque, también es capaz de tomar cualquier decisión sin titubeos.

Tercera parte

PREVISIONES PARA 2019

Previsiones para Aries en 2019

Vida amorosa

Enero

En general, 2019 será un año importante para las relaciones sentimentales, si bien durante este mes en concreto los Aries se sentirán desalentados. El ambiente que les rodea no les ayudará a recuperar la motivación; de hecho, esa persona que les interesa parece no darse cuenta de nada. Evite salir los viernes por la noche. Existe la posibilidad de que sufra desencuentros y desengaños. Para algunos ha llegado el momento de recapitular.

Durante la segunda quincena, que será más animada, se producirán cambios: se abordarán las relaciones afectivas, o de amistad, de manera diferente. Los grupos con los que se relaciona le brindarán muchas oportunidades de pasar buenos momentos, que le exigirán más tiempo.

Febrero

Este será un mes lleno de altibajos. Si tiene pareja, esta se mostrará muy exigente. Si no la tiene, pero se siente atraído por alguien, en febrero, podrá saber si su interés es correspondido. A medida que avance el mes tendrá más necesidad de intimidad, así como de dar un nuevo enfoque a su relación de pareja. Se mostrará muy interesado por el encanto o el talento de alguien de su entorno, pero no fuerce las cosas y deje espacio para el azar. Podría vivir una aventura memorable a finales de mes, pero si no se siente preparado para encajar el final, recurra al disfrute artístico o las tareas creativas para restituir su estado afectivo.

Marzo

La primera semana de marzo será la peor de todo el año 2019 en lo que a cuestiones sentimentales se refiere. No busque excusas y tómese el tiempo necesario para sanear los asuntos del corazón. Su estado nervioso le exigirá mucho control; si no lo consigue, se expondrá a sufrir ciertos riesgos.

Como contrapartida, el resto del mes resultará muy positivo, en especial los últimos diez días, durante los cuales se sentirá pletórico y lleno de optimismo; será el momento ideal para acercarse a esa persona especial. En el caso de las parejas, un obstáculo, real o imaginario, dejará de interponerse, durante un tiempo, en la relación; no obstante, no hay que bajar la guardia, pues es posible que los temores y las dudas reaparezcan en breve.

Abril

Los primeros días del mes se producirán discusiones que podrían acabar en ruptura. Si no tiene pareja, se hallará en el punto de mira de alguien muy sensual que, no obstante, prefiere ser cauto. Tenderá a mostrarse generoso con su pareja y acertará con un detalle de esos que llegan al corazón y relativizan los problemas. A finales de mes un devaneo le hará replantearse su relación sentimental y, en general, su postura ante la fidelidad.

Mayo

Frecuentará la compañía de alguien con quien congenia y comparte gustos; en realidad, dicha complicidad podría significar algo más. No se muestre condescendiente con su pareja. Una buena racha económica le permite darse ciertos caprichos; caerá en varias tentaciones, junto con su pareja. Evite que todas las conversaciones giren en torno a los problemas, pues tienen muchos temas enriquecedores e interesantes de los que hablar. Hará todo lo posible por que su pareja no se aburra, incluso un poco de teatro.

Junio

Junio se presentará como un mes agitado: las acciones invertidas en la «bolsa del amor» subirán, pero también bajarán, así que aproveche las buenas rachas. Se mostrará cautivador, tal vez gracias a su aura, su romanticismo o su aspecto: es un as en la manga que puede usar para las conquistas sentimentales. Alguien de su pasado amoroso podría reaparecer en escena, con la intención de protagonizar una segunda parte; usted no podrá hacer nada para evitarlo. Los Aries de cierta edad desearán mantener relaciones sentimentales con personas más jóvenes, con el objetivo de demostrar que todavía no están fuera de juego. En general, todos los Aries tendrán ganas de conocer gente nueva.

Julio

Sin proponérselo, y casi sin explicárselo, irradiará magnetismo; y esa persona que le interesa caerá rendida a sus pies. Como todo buen Aries, si su pareja le agobia con conversaciones sobre temas de salud en momentos que usted considera de ocio, se molestará; sea paciente y hábil reconduciendo la situación. Se perfila un acercamiento con alguien de su entorno laboral, tal vez debido a las dificultades que ambos comparten en su relación con un tercero.

Agosto

No aceptará la competencia para conquistar el corazón de esa persona especial. Si es hombre, querrá impresionar con sus atributos físicos o mentales. Si es mujer, se dará cuenta de que alguien ha sentido un flechazo; otras nativas del signo tendrán oportunidades de elegir entre varios pretendientes. En su grupo de amigos, tal vez otra persona sea el centro de atención, pero esto hará que utilice recursos insospechados para ganarse el favor de un amigo que le gusta. Los astros favorecen la oportunidad de vivir historias de amor memorables, de esas que se recuerdan sin fotos. Los Aries de la tercera edad bajarán a la segunda, y si la necesidad aprieta, incluso hasta la primera.

Septiembre

La neurosis colectiva propia del mes no afectará a los asuntos del corazón de los Aries; es más, con sólo proponérselo, podrán salir airosos de cualquier batalla sentimental. Tanto los solteros como las solteras, durante este mes, iniciarán alguna relación, pero ellas lo conseguirán sin el despliegue diplomático que necesitan ellos, ni siquiera en el caso de que alguien se les resista.

Octubre

Durante este mes se mostrará más Aries que nunca en el amor, es decir, preocupado sólo por el presente, viviendo cada momento como si fuese el último. Su lema: *carpe diem*. Por otro lado, podría haber complicaciones en su relación de pareja, si se preocupa por banalidades. Si Cupido ya ha disparado la flecha, no pierda el tiempo ni la energía en resistirse. Octubre será un mes fructífero para todos los Aries en general.

Noviembre

No disimulará su vena cazadora; es más, si el objeto de sus deseos también alardea de ello, quizás a ambos les motive saber cómo termina el asunto. Si no tiene pareja, le conviene frecuentar lugares en que la gente vaya por libre; si ya la tiene, le interesa justamente lo contrario, esto es, ambientes donde no haya solteros.

Muy propenso a divagar, a la mínima expondrá su visión particular de cada cuestión, pero es posible que su pareja le acabe dando una lección. Noviembre es un mes muy interesante para los solteros.

Diciembre

Un inopinado cambio de actitud, concretamente durante el puente, pondrá en peligro su relación de pareja. Hay muchas posibilidades de que la otra persona espere a que usted tome decisiones. Trate de no interrumpir la comunicación, aunque se distancien.

En Navidad mostrará su faceta más ruda, y esto no favorecerá ni la estabilidad de las parejas ya establecidas ni la oportunidad de iniciar ninguna relación, a no ser que la otra persona tenga mucha habilidad para sortear dicho obstáculo.

Por último, todos los nativos de este signo serán propensos a hacer sufrir a las personas queridas, sobre todo durante los días festivos.

Para la mujer Aries

Acabará el año sintiéndose muy diferente a como lo empezó, más madura y decidida, sin tantos altibajos emocionales o dudas como suele ser habitual en la mujer Aries. Se sincerará consigo misma y, sobre todo, aprenderá a saber qué espera de su relación de pareja, si ya la tiene, o de futuras historias sentimentales. Es más, estará dispuesta a tomar medidas drásticas, si es necesario, en casos extremos, sin importarle su edad o el tiempo que hace que dura la relación.

Para el hombre Aries

A pesar de ofrecer una imagen segura y expeditiva, el hombre Aries alberga muchas dudas en su interior acerca de cuál es el camino que debe seguir la relación. Si la pareja, de alguna manera, se ha convertido en un obstáculo, hará todo lo posible por sentirse libre. El balance del año será positivo o negativo en función del grado de madurez de cada hombre Aries. Cuando el amor no es la base de la relación, esta sólo seguirá adelante si el nativo del signo tiene suficiente altura moral; a pesar de todo, querrá lo mejor para su pareja, y ello le exigirá continuos sacrificios.

Salud

Primer trimestre

Esta primera parte del año no andará muy fino en cuestiones de salud, aunque, consciente de cómo repercuten en su calidad de vida esos pequeños achaques, poco a poco irá ganando terreno la firme decisión de poner remedio, con el fin de alcanzar cierto equilibrio. Atención a la tendencia del signo a eludir las consultas con el médico. Cierto porcentaje de Aries pasará momentos de preocupación debido a un diagnóstico propio o de alguna persona muy importante para ellos.

Si los problemas de salud se deben a la falta de sueño, los astros le darán la oportunidad de solucionarlos, predisposición que se alargará hasta bien entrado el año.

Los nervios y la ansiedad, hacia la mitad del trimestre, le descargarán las pilas.

Muchos Aries podrían sentir molestias en la parte media del cuerpo y aquellos que tengan problemas de espalda o columna o afecciones cardiovasculares seguirán padeciéndolos. Hacia finales de marzo aparecerá el propósito de mejorar los hábitos. Que no decaiga. El poder de la mente y un poco de voluntad obran milagros.

Segundo trimestre

Para muchos Aries, los buenos propósitos del trimestre pasado no llegarán a buen puerto. Aprenderá a guardar cama, tomarse un respiro o simplemente dormir la siesta; piense en todo lo que le podría reportar el descanso, desde sueños agradables hasta una visión más clara de cómo enfrentarse a los problemas. Si este descanso se produce en medio de la naturaleza, mucho mejor. Durante todo el trimestre sentirá la necesidad de estar en contacto con el elemento agua.

Es posible que se repitan ciclos que se creían superados; los pequeños problemas de salud se sucederán, pero en junio descubrirá que guarda un as en la manga para superarlos con éxito. El fin del trimestre será propenso a sufrir accidentes laborales, domésticos o deportivos, y ataques de ansiedad, pero también será un tiempo propicio para retomar los buenos propósitos. Sea constante y su salud, especialmente la psíquica, se lo agradecerá. Los Aries son capaces de hacer locuras... para no volverse locos.

Tercer trimestre

El verano le aportará un elevado grado de protección, pero no se confíe demasiado. Durante la primera mitad del trimestre, gracias a algún estímulo, su salud mejorará notablemente. Muchos Aries acabarán algún tratamiento, pero no deben saltarse las visitas de control rutinario con el médico ni tampoco las consultas si surgen otros problemas, en especial en el caso de los Aries nacidos en el mes de marzo.

Hacia finales de julio es posible que se sienta muy cansado si todavía no ha disfrutado de sus vacaciones. No obstante, en pleno verano recargará las pilas y se sentirá pletórico, en especial si las endorfinas vienen del amor o de sustitutivos como el ocio y el arte. Los Aries que viajen a países exóticos deben ser precavidos y tomar todas las medidas de higiene y salud necesarias, especialmente en lo relativo a las fiebres o los problemas intestinales.

Contrariamente a lo esperado, recibirá el otoño con energía, pero comienzan los treinta días del año en que la salud requiere más atención. En septiembre el sexo, además de placentero, será terapéutico. Cuidado con los trastornos urogenitales; no demore la consulta con un especialista.

Cuarto trimestre

Es posible que el tratamiento de los problemas que se presentaron a finales de septiembre continúe. Algunos Aries se hallarán ante el dilema de decidir cómo tratar un trastorno, pues les han presentado dos alternativas; la decisión podría resultar molesta para los miembros de su familia, pues estos tendrán que variar algunos hábitos.

Hacia finales de noviembre podría sufrir algún tipo de trastorno hepático. También deben cuidarse los Aries propensos a golpearse las piernas o tener ciática.

Querrá disfrutar del puente de principios de diciembre contra viento y marea; hágalo, para poder alejarse de todo aquello que le oprime. De hecho, si descansa lo suficiente, el puente será la mejor herramienta terapéutica para combatir el estrés que sufre.

Debido a un eclipse que se producirá unos días antes de Navidad, sobre todo las personas mayores deberán procurar no cometer los excesos propios de las fiestas.

Economía y vida laboral

Primer trimestre

Durante este año le parecerá estar en un tobogán, pues no siempre tendrá los pies en el suelo para controlar los asuntos económicos. Algunos nativos de este signo pasarán por un momento de gran satisfacción profesional. No obstante, en general, la tónica del invierno es la inestabilidad laboral y los altibajos en los estudios. Podría surgir la oportunidad de invertir en arte. Manténgase alerta a la hora de administrar sus recursos. No descuide su círculo social, pues le facilitará contactos que le abrirán puertas; le conviene moverse en ambientes nuevos, en especial hacia la mitad del trimestre. Se intuyen cambios, aunque, de momento, sólo están en fase de gestación.

Los Aries que se hallen al frente de un grupo de trabajadores pasarán ciertas dificultades, pero podrán fiarse plenamente de su capacidad de improvisación. Además, el factor suerte les acompañará.

Segundo trimestre

Tiempo propicio para alcanzar objetivos y llegar a acuerdos muy beneficiosos. Le conviene estar abierto a cambios

(¿quizá de imagen?), especialmente durante la segunda parte de abril. También se le presentará la oportunidad de realizar un negocio rápido.

Si bien habrá muchos gastos antes de la segunda quincena de abril, las expectativas son muy buenas para el resto del mes, incluidos los trámites bancarios. Será un periodo favorable para quienes tienen negocios familiares y para los más creativos; es el momento de preparar proyectos, que culminarán más adelante.

Mayo traerá desajustes laborales; deberá hacer equilibrios con los plazos y los horarios. Quizá dichos desajustes sean consecuencia de un cambio de empleo o de metodología. Seguirá la protección astral frente a las dificultades profesionales o, como mínimo, si surgen, serán más manejables.

La última parte del trimestre favorece los cambios de empleo. Le harán varias ofertas laborales. Por último, llegará el momento de ocuparse de todas esas cuestiones que tanto tiempo lleva postergando.

Tercer trimestre

Como en otras áreas de la vida, este trimestre resultará bastante agitado en cuestiones laborales.

De entrada, si normalmente esta época es la más activa para su sector, dicha actividad se verá incrementada con creces.

Dado el caso, se mostrará dispuesto a participar en los negocios de algún conocido; sea realista y no ponga demasiadas expectativas en un asunto en el que no sólo cuenta la implicación personal para que prospere.

Es posible que realice algún viaje con el objetivo de encontrar nuevos horizontes, además de por placer. Un amplio porcentaje de Aries mostrarán lo que valen o son capaces de hacer profesionalmente hablando. Desde finales de agosto reciclarse resultará difícil, más a causa de la coyuntura que por su predisposición personal, especialmente si forma parte de un sector laboral que parece estancado.

Gracias a su espíritu de lucha, si está buscando empleo, posiblemente encontrará una sustitución. Es un tiempo favorable para los comerciales.

Ciertos asuntos laborales le exigirán discreción y confidencialidad.

Cuarto trimestre

Se plantearán algunas dificultades en su puesto de trabajo, pero usted está dispuesto a defender sus derechos con uñas y dientes.

Se mostrará bastante esperanzado con un nuevo contrato laboral que pueda sugir, pero también se sentirá exasperado por la lentitud extrema con que se mueven algunos asuntos económicos.

Los dos últimos meses del año se producirán cambios que le obligarán a quemar etapas rápidamente. Tendrá recursos suficientes para llegar victorioso hasta donde el devenir laboral le lleve.

Algunos Aries de nuevo postergarán esos cambios, pero en el año 2020 finalmente tendrán que encajarlos. Es el momento de ampliar su formación laboral.

Hacia mitad de diciembre la economía doméstica se verá beneficiada por una entrada inesperada de dinero; puede que las dificultades lleguen a su fin.

A pesar de las contrariedades, el balance del año 2019 será positivo; notará que ha hecho progresos, aunque algunas veces la solución a los problemas haya llegado en el último momento.

Vida familiar

Primer trimestre

Es muy probable que durante estos meses surja un problema en el seno familiar que debe afrontar lo más rápidamente posible, y quizá guarde alguna relación con alguien de su pasado sentimental. No se muestre condescendiente con las personas mayores de su familia o de la familia de su pareja; si les escucha, podrían darle sabios consejos. Debe llegar a algún tipo de entendimiento con los hijos adolescentes, o la convivencia será cada día más difícil.

Su típico afán de estar a la última le llevará a cambiar los electrodomésticos. Deberá controlar el gasto en los servicios básicos. Es posible que surjan conflictos con los vecinos. A finales del trimestre el ambiente familiar podrá enrarecerse, porque usted sólo piensa en sí mismo; no obstante, con un poco de voluntad, las rencillas se solucionarán rápidamente.

Segundo trimestre

La primavera es la estación de Aries, y la bonanza del clima le impulsará a no parar nunca en casa, pero no se exceda, o la estructura familiar se resentirá de su ausencia. Durante gran parte del trimestre, se producirán muchos altercados durante las comidas o por alguna causa relacionada con la alimentación. Independientemente de su situación económica, el presupuesto familiar se verá reducido por gastos inesperados. No obstante, hacia la mitad del mes de mayo, gracias a las inversiones en un negocio, la situación se resolverá.

En junio ciertos arreglos caseros serán inevitables y muchos Aries optarán por el bricolaje. Hacia mediados de mes usted o alguien de su entorno familiar tendrá que ausentarse de casa durante un tiempo. Refuerce la seguridad general de su hogar o su vehículo. A finales de junio, le tocará solucionar un problema. Podrán surgir conflictos con su pareja, pero, durante una celebración, un miembro de su familia política actuará como mediador y rápidamente las aguas volverán a su cauce.

Tercer trimestre

El verano llegará con novedades, que, si no son estrictamente familiares, incidirán directamente en la convivencia doméstica. Hacia la mitad de julio los asuntos relacionados con el hogar y la familia vivirán un punto de inflexión; a partir de ese momento le conviene utilizar todos sus recursos para mantener la unidad familiar. Agosto será un mes de tranquilidad total.

En septiembre, los nativos del signo, especialmente los hombres Aries, tenderán a satisfacer a su pareja a cualquier precio. Y ello les deparará momentos muy románticos, pero les conviene recordar que hacer promesas a la ligera, a la larga, puede resultar peligroso. Harán planes con toda la familia y se replantearán su forma de convivir.

Cuarto trimestre

Gracias a sus esfuerzos, el presupuesto familiar mejorará y durante un tiempo vivirá con cierta tranquilidad. Si es hombre, debería procurar no tener secretos con su pareja; si es mujer, se mostrará muy perspicaz y descubrirá cualquier trama que le escondan. Es posible que surja algún problema familiar, pero no le conviene buscar ayuda fuera de casa; nadie, salvo usted, puede arreglar las cosas. Los problemas laborales cruzarán la puerta de su casa, pero no permita que lleguen hasta el dormitorio. Hacia el último tercio del mes de noviembre la etapa de dificultades con la pareja se dará por zanjada.

A principios de diciembre, en especial después del puente, se sentirá con fuerzas renovadas para lidiar con cualquier problema profesional, social o familiar. Se producirá un acercamiento con la familia política, y querrá agradecer a su cónyuge los esfuerzos que ha hecho para conseguir dicho entendimiento.

A mediados de mes, gracias a una factura que llevaba tiempo sin cobrar, tendrá más recursos para dedicar a las fiestas navideñas. Un poco antes de Navidad se producirá algún tipo de emergencia familiar. En un ambiente general tan cargado, lo que menos le convendrá será avivar los problemas familiares. Algunos Aries sufrirán mucho si se ven obligados a mostrarse inflexibles con algún miembro de la familia.

www.ingramcontent.com/pod-product-compliance
Lightning Source LLC
Chambersburg PA
CBHW060207050426
42446CB00013B/3018